KB035530

운명을 바꾸는
노트의 힘

운명을 바꾸는 노트의 힘

적는 대로 이루어진다

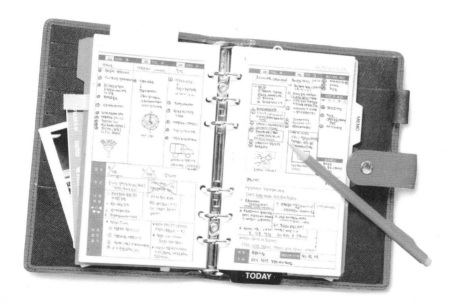

| 홍현수 지음 |

북포스

"땡큐노트를 몇 달간 쓰면서 내 삶은 많이 바뀌었다. 더 이상 업무압박에 시달리지 않으면서 일처리가 빨라졌고 가족과의 시간이 더 많아졌다. 무엇보다 삶의 방향성이 확실하니 낭비하는 시간이 없고 삶에 활력이 생겼다."

땡큐노트는 내 삶에 감사와 행복을 선물한 다이어리다.

나는 대학시절부터 학군단 임원, 학과 임원 활동 등으로 너무 바빠서 시간관리가 절실함을 느꼈다. 그래서 다이어리를 쓰기 시작했다. 그런데 이상한 것은 다이어리를 쓸수록 시간을 관리한다기보다는 시간에 지배당하는 느낌을 받았다. 하루 동안 다이어리에 기록한 각본대로 움직이지 않으면 무언가 잘못된 길을 걷고 있다는 착각에 빠졌다. 시간 엄수에 대한 강박감이 도리어 나를 불행으로 몰고 가는 느낌이었다. 가족과 자기계발에는 소홀해지며 갈수록 외부 활동에만 치우치는 내 모습을 지켜보는 일은 괴로웠다. 이대로는 안 되겠다 싶어 다이어리를 버리고 휴대폰 메모장을 이용해 중요한 일만 적어보았다. 하지만 수단만 바뀌었을 뿐 시간에 지배당하는 것은 마찬가지였다.

그 와중에 어느 작가님을 통해 땡큐노트를 소개받았다. 속는 셈치고 쓰기 시작한 땡큐노트는 나를 시간으로부터 자유롭게 해주었다. 더 이상 시간에 끌려 다니지 않고 시간을 지배하는 길로 나를 안내해주었다. 가끔은 이 노트가 나의 손과 발이 되어 나 대신 생각해주고 움직여주는 것 같은 기분이 들 때도 있다.

이 노트를 처음 쓰기 시작할 때는 우선 사명 찾기부터 시작한다. 방향을 찾지 못한 채로 살아가는 인생은 무엇을 하든 의미가 없기 때문이다. 뚜렷한 목표 없이 살아왔던 나는 이 사명 찾기 부분이 가장 마음에 들었다.

그 다음 페이지를 넘기면서 나의 인생 목표를 세우고 매년, 매월 목표를 쓰는 부분이 나온다. 이 부분에서도 땡큐노트는 다른 다이어리와 뚜렷하게 대비된다. 단순히 생각나는 대로 목표를 채워 넣기만 하는 게 아니라 일, 관계, 학습 등 삶을 구성하는 3가지 요소의 균형을 유지할 수 있도록 돕는다. 평소에 업무 목표만 세웠던 나에게 이 부분은 충격이면서도 꼭 필요한 부분이었다.

페이지를 넘기면 더 놀랍다. 한 주의 계획을 세우는데 한 주가 한눈에 들어온다. 게다가 삶의 모든 요소들이 한곳에 다 모여 있다. 더 이상 페이지를 넘기지 않고 한 주의 모든 계획과 피드백을 볼 수 있다!

"땡큐노트에 적은 나의 꿈들을 바라보고 있으면 어느새 마음이 감동의 물결로 차오른다. 내가 적은 땡큐노트는 미래의 내 모습을 담은 내 '분신', 아바타가 된다. 그것이 미래의 새로운 나다. 꿈의 문장과 그림을 내려다보고 있노라면 앞으로 무엇을 해야 하는지, 또 어떻게 궤도를 수정해야 하는지 보인다."

땡큐노트! 나의 분신이자 아바타. 나의 여정에 든든한 지도와 나침판이 생겼다.

새해만 되면 다이어리를 샀으나 열두 달을 다 채운 적은 드물다. 대개 초반에만 빼곡히 적다가 책장에 모셔두면 다행이고 심지어는 내게 다이어리가 있는지조차 잊어버리고 살 때가 다반사였다. 그러다 땡큐노트 강의를 들을 기회가 있었다. 귀동냥으로 알던 것을 직접 설명으로 들으니 만든 이의 오랜 정성과 고민이 피부에 와 닿았다. 빨리 써보고 싶은 마음에 그날부로 땡큐노트에 나의 메모와 일정을 적기 시작했다.

땡큐노트에서 가장 마음에 든 점은 그림을 그릴 수 있게 고안된 모눈이다. 여느 다이어리와는 너무도 다른 점. 내가 그린 이미지는 나만이 알아볼 수 있는 그날의 상징이다. 그림은 그날의 내 생각을 함축적으로 표현하고 있다. 말이나 글보다 더 강하게 뇌에 인식된다. 빈 종이에 그리는 것보다 모눈 위에 그리면 불필요한 실수가 준다. 이미지만 보면 내가 어떤 하루하루를 살고 있는지 생각의 흐름까지 알 수 있다. 새로운 아이디어를 그림으로 표현하는 것은 잡생각을 하다가도 내 꿈을 잊지 않게 만드는 큰 동기부여가 되었다.

두 번째로 마음에 드는 점은 도형이다. 도형 중에 내가 빠지지 않고 체크하는 것은 삼각형 피라미드이다. 업무든 미팅이든 반복적으로 되풀이되는 일이지만 빼먹을 수 없었는데 도형은 이런 업무 관리에서 매우 효과적이었다. 삼각형의 선들을 채워 가다 보면 어느새 한 주간의 루틴 업무가 해결된다.

세 번째로 좋았던 건 책 모양의 도형이다. 나는 지금까지 독서를 하면서 포스트잇으로 어디까지 읽었다는 표시를 해두고 문서시트에 초서하는 습관이 있다. 이것 역시 땡큐노트에 선을 그어 가면 어디까지 읽었는지 한 주간의 독서분량을 한눈에 알 수 있고, 또한 도형 옆에다 초서한 내용의 핵심을 한 문장이나 키워드로 요약하는 습관을 들이다보니 완독 후 남는 게 없어 자괴감에 빠졌던 날들이 사라졌다.

"모든 관계와 삶을 단순화시켜주며
내 인생의 목적에
하루하루 다가가고 있음을 느끼게 해준다."

올해 3월 땡큐노트를 사용 중인 분을 알게 되었다. 잠깐 스치듯 봤는데 다이어리에 그림을 그리며 사용하는 게 흥미로웠고 구성이 좋았다. 한번 사용해 보고 싶어 부탁을 드렸고 3월부터 정식으로 쓰게 되었다.

3년 전까지 프랭클린 다이어리를 사용했던 경험이 있다. 새해가 되면 마음을 다지며 1년 치를 구입하지만 지속적인 사용이 힘들었다. 내 탓이려니 하며 넘겼다. 1년을 다 채우면 뿌듯할 것 같았지만 쉽지 않았다.

땡큐노트는 처음 사용하면서 기능 하나하나를 열심히 배웠다. 노트에 담긴 가치와 철학이 내 삶에 고스란히 스며들기를 바랐다. 그만큼 노트를 만든 이의 마음이 잘 느껴졌다.

노트를 배우는 첫 시간 사명을 찾는다. 방법은 간단했지만 받아들이는 내 마음은 큰 감동이었다. 내 인생의 사명을 찾을 수 있었다. 그리고 큰 사명 안에서 인생을 쪼개 목표를 세운다. 그것이 땡큐노트에 고스란히 반영되어 있다. 가장 마음에 들었던 부분이다.

땡큐노트의 일일 체크부분은 업무를 단순화시켜서 일상을 통제하기 쉽도록 돕는다. 가족을 잘 챙기지 못하는 내게 관계력 항목은 가족에 대해 생각할 시간을 준다. 또한 노트가 모눈으로 되어 있어 구획을 잘 나누면 아이와 남편의 스케줄까지 적어가며 관리할 수 있다.

"사용할수록 더 나은 내 인생을 위한 노트, 내가 원하는 나의 모습을 만들기 위한 노트라는 생각이 커진다. 더 이상 화려하고 복잡한 계획이 아니라 탄탄하고 심플한 계획을 세울 수 있게 되었다."

대학생 때부터 플래너를 사용하기 시작했다. 프랭클린 플래너, 3P다이어리 등 10여년 동안 플래너를 쓰다 보니 계획 없는 하루는 내게 스트레스가 되었다. 대학교 1학년 학교 선배의 권유로 프랭클린 플래너를 쓰기 시작하여 약 5년쯤 지나니까 더욱 디테일하게 계획된 체계적인 인생을 살고 싶어졌다. 그러던 중 군대 후배의 추천으로 3P다이어리를 접했는데 구체적이며 체계적인 계획 설계가 가능했고, 너무 뿌듯했다. 사용시간도 늘어서 하루 30분에서 1시간으로 늘더니 어떤 날은 2~3시간씩 다이어리에 투자하는 날도 있었다.

하지만 결혼을 하고 아이를 맞이한 뒤로 하루 1~2시간을 쏟았던 3P다이어리는 점점 멀어졌다. 그리고 자연스럽게 든 생각. 인생을 위해 플래너를 쓰는 게 아니라 플래너를 위해 내 시간을 쓰고 있다는 깨달음이 찾아왔다. 1~2년의 시간을 방황하다 땡큐노트를 만나게 되었다. 이 노트는 도구에 나를 맞추는 게 아니라 내 삶에 도구를 맞춰주는 휴머니즘을 갖고 있었다. 사용할수록 더 나은 내 인생을 위한 노트, 내가 원하는 나의 모습을 만들기 위한 노트라는 생각이 커졌고, 더 이상 화려하고 복잡한 계획이 아닌 탄탄하고 심플한 계획을 세울 수 있게 되었다.

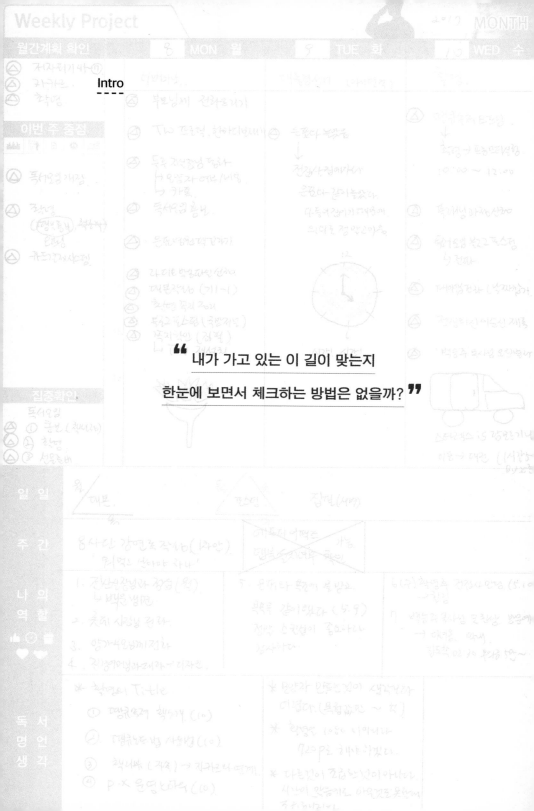

Intro

> " 내가 가고 있는 이 길이 맞는지
>
> 한눈에 보면서 체크하는 방법은 없을까? "

> **복잡한 내 삶을**
> **심플하게 관리할 수 있는 방법은 없을까?**

메모로 가득한 이 한 페이지의 노트에는 1주일간 저의 활동이 담겨 있습니다.

7일 동안 계획하고 실행한 일들은 생각보다 많았죠.

저는 삶을 심플하게 관리할 때 실행력도 커진다는 사실을 알게 되었습니다.

이 노트는 복잡한 우리의 삶을 업무, 관계, 학습이라는 3가지 주제로 나누어 관리하도록 편집되어 있습니다.

그래서 당신의 하루를 알차게, 뿌듯하게, 요긴하게 쓰도록 돕고 있죠.

높은 곳에 서서 나의 하루를 굽어볼 수 있다면 내가 목표를 향해 제대로 가고 있는지 쉽게 확인할 수 있습니다. 그래서 저는 1주일 치의 활동을 한 장의 종이에 다 넣을 수 있도록 만들었습니다.

한눈에 보기 쉬우려면 문자보다는 기호나 도형 같은 이미지가 좋습니다. 글로 꽉꽉 채우는 메모의 한계를 뛰어넘기 위해 직관적인 도형과 기호, 그림을 사용했습니다. 삼각형이나 사각형을 통해 되풀이되는 필수 업무를 관리하고 다이아몬드 기호를 통해 가족이나 지인 등 인맥을 챙기고, 책 모양의 그림을 통해 하루 독서량을 체크합니다.

노트의 형식에 얽매이는 주객전도의 문제를 해결하고 싶은 마음도 컸습니다. 모눈이 해결책이었죠. 모눈을 활용한 스케줄표는 하루 관리를 시간 순이나 혹은 프로젝트별로 가능하도록 자유도를 주었습니다.

그리고 마지막으로 그날에 대한 총평을 간단한 그림 하나로 마무리하도록 구성했습니다. 몇 개의 선으로 이루어진 심플한 그림은 하루를 돌아보는 데 정말 뛰어난 효과가 있습니다.

이 모든 것은 나의 꿈, 사명, 삶의 목표 찾기로부터 시작됩니다. 목표는 매년 수정, 확대, 심화를 거치며 구체적인 형태를 띠게 되고, 그 목표에 맞게 연간계획, 월간계획을 세우게 됩니다. 목표가 이끄는 삶이라면 나는 나의 하루를 효과적으로 쓸 수 있고, 그리고 무엇보다 더 많은 일을 할 수 있게 됩니다.

자연스럽게 자기성장이 이루어지는 게 이 노트의 특징입니다.

당신의 오늘 하루는 어떤가요?

하루하루를 위대하게 보낸 사람에게 목표 달성은 그리 먼 이야

기가 아니겠지요?

월간계획 확인	8 MON 월	9 TUE 화	10 WED 수
△ 저자쓰기 봐★ ⑪	어버이날.	대풍경소개 (애니멀적)	할명.
△ 카카오.			
△ 촬영.	△ 부모님께 전화드리기		△ 땡큐솔저 오프닝.

이번 주 중점

△ 독서모임 개강.

△ 촬영
(행목홍보, 책소개)
오프닝

△ 카드결제사 조정.

집중확인
독서모임
△ ① 홍보 (책씨앗)
△ ② 촬영
△ ③ 선물준비.

- △ TW 프로젝. 한마디비씨 △ 은폰다 놀았음
- △ 독후 재선정 필요해. ↓
  ↳ 오영자 여부/비용 전화사정에 가서
  ↳ 카톡 은폰다 같이 놀았다.
- △ 독서모임 홍보. 다들어 잘나기 때문에
- 9 △ 은폰반원 댓글달기. 더더 정안소마음.
- △ 라디오 방송댓글 선정
- 12 △ 대본작서0 (기1~1)
- △ 촬영 목적 초2대
- △ 원고교소청 (국방저보)
- 15 △ 폭지원인 (집필) 시간. 시간!
  ↳ 5-W 재선치.
- 18

- △ 땡큐솔저 오프닝.
  ↓
  촬영→프로토타 설정
  10:00 ~ 12:00
- △ 플래닝 다자 선30
- △ 독서모임 보그프로스텅
  ↳ 전화.
- △ 7대어명 전화 (낙짜 잡기)
- △ 전쟁의신 이승신 재록
- △ '백승국' 녹사성 오리엔테

스타렉스 is 강원가니
이동 → 대전 (1시간정도)

일 일	월 대본 음	월 펀스팅 요	집필 (새벽)		
주 간	8사단 강연록 작서0 (1차안). '뭐먹고 산아야 라나'	~~어프터 어펙즈 가능. 뎀뷰 순차여부 확인~~			
나 의 역 할	1. 전산실장님과 점심 (월). ↳ 백은 병원. 2. 윷터 사랑님 전화 3. 양가부모님께 전화 4. 진경여눌하래라 → 디자인.	5. 은폰다 목표 목 받고. 목목 같이 했다 (5.9) 정안 스킨성이 좋아라니 감사하다.	6. (수) 촬영측 전화사 연수 (5.10) → 친강 7. 백승국 녹사성 오촫 병음에라 → 대려움 많세. 집도착 02:30 부산중 5만~
독 서 명 언 생 각	* 촬영의 Title. ① 땡큐솔저 책소개. (10) ② 땡큐노트법 사용법 ((0) ③ 책리뷰 (격소) → 자카르타연계. ④ P·X 운명노하우. ((0)	* 은양과 안쓰는것이 생각보다 어렵다. (목숨값이 ~ 보) * 촬영은 1080 이아니라 720P로 해야 하겠다. * 다른것이 조합한것이 아니다. 시간이 안될때, 아무것도 못할때 조합해진다.	

△ 진행 ◎ 완료 → 연기 ↓ 위임 ─ 취소 ✓ 체크 ■ 중요 正 1, 3, 7, 15, 30, 60 반복

11 THU 목	12 FRI 금	주말 / 미팅 / 특이사항

11 THU 목

저자되기 45-⑰

△ 모양자 목령 만사(대기)
  ↳ 기기부서짐(성강남학나)

△ 케이앰 김명희대표님
  ↳ 13:30 이띠아 보육교육
  〈2335⑪〉6개월.

대번.
· 한영도진지(안)보건 임지
· 전쟁의 신 이순신.

△ 아이폰 액정수리(+강하께)
  ↳ 현11만 (여아빠 선물)
△ 롯데행사 방문.(11:30~12:00)
→ 실내악 연습.

PAY
쇼핑몰구족.
BAY

12 FRI 금

틀서오임 '자가리' 시작 (아빠단적)
(전쟁의 선 이순신)

△ 선물 조립
  3명 (임싸. 안용싸. 진영)
← 촬영 : 한영도치기 아보디
  전쟁의선 이순신.
  땡규바인더 사용법.
  피평의 복고고리스팅
  접먹 : 꼬리그
△ 동장재박스, 껨마스탄목
  전송.
△ PG폭싸병 완성.
△ 두루 지현매 원장님 내엉
  — 모양자는장 방문 (시간)
  전전리 403번지
  3마[원]. (웹)앙.
△ 오라클 피부과 (약1개월리)
△ 안경레구임(방음용)
△ G4덱스텐 실물확인.
△ 실운악구임(기산)
△ 강사프로필 전송
  ↳ 8싸님임즈고은체.
  사본포함. '위먹은 외하나'
△ 양작가님 TW쿠폼 재전송

주말 / 미팅 / 특이사항

돈악다이어른 제대로 시작13日~

13日 ~ 14日. PG폭싸병 다리고 참석희망~
  ↳여어 은표인게→은료과/부싸
10~18시 부싸~
꿈. 비전. 미션석정.

▽
▽
▽

아냐르고 방석에 대한 은근한 회의?
※ 한정하다느듯한 각경?
  교생을 많이 얽느나? →?

※ 정영교대표님 Q.A.
  ①. TW 사업을 추진난다 원한으련 원하는?
  ②. 인정.
  ③. 인정교 시계 위치들에게 화시느 싶어 앙음.

☑ ipix 선능겅 (1800~6930)
  — 불량겁수.

데이스북구	건가운동				음악check				

강연측증. 앵취은 구간. 더 심략 보안~

핵심정라 이굴믹	→ 내은만의 MRI.
박두거 혁선 다법	보이리앤 인색 보이게
노티지 모믹지능 후법보드	(Magic Record Inplement)

1. 1Q 폭싸병 사진찍기 (5.11)
  ↳ 동아빠써. 소리.
2. 옷째행사반응. (앵싸).11일
3. 김명희대표님. (케이앰).
  ↳ 다음주에 또 보자.
  (공익사업?) 5.11)

4. 실내악 활용하여 실패라 — 양국가

아빠바진소리
아빠리 바림
아빠의 위산
선물
자싼
공우리

춘싸인	호께	싸메	직업인
남매	이싸쟌	아버니	친구
남편	쟌	일	아내
		멘토리	동호회

① 전쟁의 신 — 이순신. (영웅? 성웅! 기록가) _ 바다의 선 이순신. 5.10.
② 노트정리법 — 서상훈 11P 노트정리 = 생각. 노트필기. 그대로
  45P 다빈치 = 그싯타 그림. 반드시용.
※ 하면 꼭 단위난다 = 모양자 보안. →커역.

제 목	진짜상능의 노트정리 법. (서당전)	핵심단어 3가지	정리, 뇌, 노트
주 제	노트정리는 보이지 앙긴것을 보예게 구체화 하는 능력이다.		

content

· 1장 ·

하루를 3가지 주제로
심플하게 정리하는
노트의 탄생

1
그들은 나를
쓰러뜨릴 수 없다

"아, 말씀을 못 알아들으시네. 우리는 대위 자체를 뽑지 않는다구요!"

2007년 취업박람회, '대위 전역'이라는 타이틀이 스펙이 되리라고 믿었던 나는 인사담당자의 짜증 섞인 말에 얼음이 되고 말았다.

생각해보면 그의 비아냥대던 한마디가 모든 것의 시작이었다. 수치감과 함께 모멸감이 찾아왔다. 자존심은 치명적 손상을 입었다. 10년이 지난 지금은 웃음으로 회고하지만 그때는 밤잠을 이룰 수 없었다.

이상했다. 전후의 사회생활 동안 더한 일도 많이 겪었다. 그러나 이 사건처럼 마음이 힘들진 않았다. 왜 유독 그날의 일이 내 머릿속에 각인되었을까? 스스로도 궁금했다.

그러다 문득 한 가지 질문이 떠올랐다.

'자존심이 많이 상했기 때문에 견디기 힘들었던 것은 분명한데, 과연

나에게 자존심이라는 건 얼마만큼의 가치를 가진 것일까?'

생각은 꼬리를 물고 이어져 자존감(self-esteem)이라는 키워드에 이르렀다.

'자존심과 자존감은 어떤 차이가 있을까?'

여러 날 생각을 더듬은 끝에 둘의 얼굴을 구분하게 되었다. 둘 다 '자기긍정'이라는 공통점이 있지만 한 가지 뚜렷한 차이가 있었다. 자존감은 능동적, 자존심은 피동적이라는 점이다. 자존감은 타인의 평가와는 상관없이 스스로에게 던지는 긍정적인 시선이고, 자존심은 상대방의 평가에 따라 세워지거나 무너지기도 하는, 바람 앞의 갈대와 같다는 것.

당시 내게는 자존감(self-esteem)이 바닥이었다. 당연히 자신감도 없었다. 애석하지만 자존심만 시퍼런 날을 세우고 있었다. 상대의 말 한마디에 좌지우지되는 쥐꼬리만 한 감정 때문에 그렇게 아팠다. 왜 아픈지 알고 나자 자존심이라는 게 작아 보였다.

다음이 중요했다. 보통의 치료제는 아픈 원인을 제거하거나 증상을 개선시킨다. 그러나 나는 아픈 팔을 잘라내기로 결정했다. 아니, 정확히 말하자면 그건 '아픈 팔'이 아니라 '아프다고 믿고 있는 팔'이었다. 자존심은, 실체를 찾기 어려운 가짜 팔이었다. 예컨대 가짜 약이 내는 효과를 우리는 플라시보 효과라고 부른다. 가짜 약이 약효를 낸다는 말은 반대로 가짜 통증도 있다는 말이다. 그래서 엄밀히 말하면 자존심을 잘라버린 게 아니라 자존심 자체가 없다는 걸 알았다. 단언컨대, 자존심이란 인생의 전환점을 찾으려는 마음이 부족한 자가 '나는 변하기 싫어!' 하고 외치는 소리다.

평생직장이란 개념이 구석기 유물로 전락해버린 현실에서, 가장 먼저 잘라야 할 것은 '자존심'이다. 그것은 길바닥 껌처럼 변화의 발걸음을 지연시킴으로서 행복에 가까워지는 길을 방해한다. 가장 치명적인 것은 자존심의 변종으로, '스스로 불쌍히 여기는' 자기연민이다.

자신의 힘든 과거를 털어놓으며 눈물을 보이는 분들이 있다. 옛일만 떠올리면 자기가 너무 불쌍해 죽겠단다. 솔직히 말하자면 그런 분들을 보면 긴장한다. 자기연민에 빠진 사람치고 행복한 사람을 본 적이 없기 때문이다. 나도 나름 치욕적이고 고통스러운 과거사를 지니고 있지만 단 한 번도 눈물을 흘린 적이 없다. 당연히 힘들었고, 죽고 싶다는 생각에 몸부림친 적도 있다. 지금은? 그날의 내가 전혀 불쌍하지 않다. 부들부들 떠는 과정을 거치며 충분히 얻은 것도 많고, 지금의 내가 탄생하기 위해 꼭 필요한 재활의 시간이었다는 믿음이 있기 때문이다.

자존심을 버린다는 말은 수치를 감내하겠다는 뜻이 아니다. 말 그대로 뭔가 실체가 있다고 믿었던 자존심이라는 가짜 통증을 있는 그대로 본 것일 뿐이다.

| 지금 이 길이 내 길이 맞을까? |

반면 자존감을 갖기 위해서는 스스로 납득할 만한 실체적 이유를 찾아야 한다. 아무 목표도 없이 빈둥빈둥 시간 죽이기만 하고 있는 사람에게 자존감이 솟아날 리 없다. 아무 근거도 없이 '나는 참 괜찮은 사람이야' 외쳐봐야 괜찮은 사람이 될 리가 없다. 소풍 전날 '내일 비가 내리지 않게 해주세요' 하고 기도하는 초등학교 1학년생은 귀엽기라도

: 운명을 바꾸는 노트의 힘 :

하다.

내 인생에서 근거를 찾아야 한다. 막연한 바람이 아니라 스스로 느끼는 뿌듯함만이 내게 자존감을 선사한다.

나의 하루가 어땠는지, 긍정적인 피드백을 줄 만 한지, 오늘 하루 주변 사람들과의 관계는 어땠는지, 업무는 충분히 했는지, 장단기적인 미래를 위해 오늘 무엇을 배웠는지 스스로 점검하며 힘을 얻어야 한다. 타인의 시선에 흔들리지 말고 타인과의 비교에 기죽지 말고 묵묵히 내 갈 길만 가면 된다.

다만 나의 길을 제대로 가고 있는지 들여다 볼 수 있는 도구가 필요하다. 〈타이탄의 도구〉라는 책이 베스트셀러에 오르는 것을 보면서 확신이 깊어졌다. 나만 그런 게 아니라 사람들에게도 자기계발을 위한 거울이 필요했다.

그 거울이, 편집이 가능하며 직관적 툴로 가득한 노트 한 장이다. 10년 넘게 매일 노트를 쓰며 나의 하루를 점검했다.

이런! 맥 빠진 분들이 있을지도 모르겠다. 때가 어느 때인데 노트를 말하느냐? 고리타분한 이야기라고 할지도 모른다. 하지만 써본 사람은 맛을 안다. 손으로 쓰는 노트만큼 자신을 잘 들여다 볼 수 있는 도구도 없다는 사실을.

오죽하면 수많은 디지털 기기들이 손으로 쓰는 형식을 구현하기 위해 막대한 자금을 쏟아 부었겠는가?

왜 아직도 골드만삭스(The Goldman Sachs Group, Inc.)나 맥킨지(McKinsey) 같은 세계적 컨설팅 기업에서 손으로 쓰는 노트법을 가르치겠는가?

처음에는 시중에 떠도는 유명한 수첩을 써봤다. 미국에서 잘 나간다는 수첩, 국내에서 최고의 인기를 누린다는 수첩까지. 그들의 방식을 철저히 지키며, 누구보다 열심히 썼다. 그런데 항상 2% 부족했다. 그 2%를 채우기 위해 고민을 거듭했다. 자기계발이라는 나의 목표에 맞게 나의 하루를 완벽히 비춰주는 거울 같은 노트가 내가 필요로 하는 것이었다. 내가 옳다면 지금껏 이처럼 삶의 구성 요소를 심플하게 만들어주는 노트는 없었다. 변화의 먼 길을 떠나려는 자에게는 가벼운 행장이 필요한 법이다!

이런 노트가 나오려고 봄부터 소쩍새는 그렇게 울었나 보다. 군인의 자부심으로 똘똘 뭉쳐 있던 내가 사회에 나와서 겪었던 설움과, 이 어려움을 극복하려는 다짐과 노력으로 한땀 한땀 채워가며 자기계발에 최적화된 노트를 완성했다. 걱정이 없었던 것은 아니지만 막상 주변에 소개해 주었더니 가정, 학교, 기업 가리지 않고 누구에게나 통용되는 하루 관리 노트가 탄생했다.

가끔 생각한다. 만약 10년 전 누군가 하루를 심플하게 3가지 주제로 정리해주는 노트의 기술만 알려주었다면 그렇게 자존심 상하는 일은 없었을 텐데. 자존심 상했다고 남은 시간을 탕진하는 것이 아니라 의연하게 다른 인사담당자를 만나러 다니며 하루를 더 알차게 보냈을 텐데. 자존심이 강하다는 건 자랑도 아니요, 표창장도 아니다. 속 쓰려 하느라 시간을 낭비할 필요가 없다. 자존심 따위는 지나가는 강아지한테 던져주면 된다. 그게 아프다고 징징대지 말고 눈에 힘 딱 주고, 손에 펜을 쥐면 된다. 자신의 기록을 들여다보면서 자존감의 게이지를 높이자. 당신이 만들어갈 당신만의 스토리를 나는 기대한다. 자존감 있는 당신의 모습을 상상하면 가슴이 두근거린다. 당신이 그렇게 되도록 돕는 일이 내 인생의 사명이기도 하니까 말이다.

2
하루를 심플하게
만드는 마법

대위 출신이라는 자존심을 모두 버리고 택했던 첫 번째 직업, 트럭운전기사. 한창 바쁠 때는 새벽 2시에 퇴근했다가 4시간 뒤 새벽 6시에 출근했다. 정말 힘들었다. 더욱이 이 업체는 음료수와 술을 주 종목으로 납품하는 업체였기 때문에 업무 강도가 장난이 아니었다. 빨간 고무로 코팅된 목장갑을 하루에 3개씩 쓴 날도 많았다. 귀가하면 그대로 뻗어서 잠들기 바빴다.

그렇게 고된 나날을 보내던 중에도 마음은 편했다. 아니 편한 정도가 아니라 행복을 느끼고 있었다. 아내는 내가 웃으면서 잔다며 무슨 좋은 꿈이라도 꾸느냐고 물었다. 이게 도저히 행복을 느낄 만한 상황이 아니었기에 내가 미쳐가는 건 아닌지 불안할 때도 있었다. 분명히 행복하다면 이유가 있을 텐데 짐작만 될 뿐 도저히 원인을 찾을 수 없었다.

그러던 어느 날 바람같이 나타나 답을 준 사람, 김정운 교수. 〈노는 만큼 성공한다〉, 〈에디톨로지 : 창조는 편집이다〉 등 베스트셀러 작가로도 유명한 교수다. 비록 한 번도 만난 적 없으나 너무나 명쾌한 답을 주었다. 온몸에 소름이 돋았다. 궁금증에 시달린 지 3년 정도 지난 시점이었다. 모든 실마리가 풀리는 순간이었다.

— 창조는 편집이다. 무에서 유를 창조할 수 있는 것은 신만 가능하다. 따라서 인간은 창조를 할 수 없다. 창의적인 것을 추구할 뿐이다. 세상에 새로운 것은 하나도 없다. 본래 주어져 있는 것을 편집하는 것, 즉 넣고 빼거나 새롭게 배열하여 낯설게 하는 것이 창의적인 것이다. 편집하려면 맥락을 알아야 한다. 전체와 부분을 자유롭게 파악해야 한다. 우리는 자기 인생을 편집해 본 적이 없다. 설령 편집을 했더라도 그게 편집인지도 모른다. 도대체 우리는 왜 사는가? 행복하기 위해, 재미있기 위해 사는 것이 아닌가? 그렇다면 행복이라는 구조에 맞게 인생을 편집해야 한다.

KBS 특집 〈오늘 미래를 만나다〉에서 강연한 내용을 요약한 글이다. 김정운 교수에 따르면 내가 그 어려운 환경 속에서도 행복할 수 있었던 이유는 내 삶을 놓고 무언가를 편집했기 때문이다. 알 수 없는 그 무언가를 자르고, 붙이고 했다는 말인데 그렇다면 무엇을 편집했기에 내게 행복이 찾아온 것일까? 의문은 꼬리에 꼬리를 물고 이어졌지만 분명한 것은 내가 '편집을 했다'는 사실이다.

취업박람회에서 쓴맛을 본 이후 나는 아마도 다음과 같은 과정을 거치며 편집을 한 것으로 보인다(무의식적 과정이 작용했다고 보기 때문에 '보인다'고 표현했다.).

① (붙이기) 더 이상 물러설 곳이 없다.

② (자르기) 그래서 자존심을 잘라버렸다.

③ (붙이기) 이제는 아빠다. 더 이상 내가 하고 싶은 일만 할 순 없다. 뭐든지 해야 한다.

④ (자르기) 더 이상 내가 장교출신이라는 것은 잊어야 한다. 버릴 순 없으니 마음속 깊은 곳에 숨겨놓기로 한다. 즉 모자이크 처리를 한 것이다.

⑤ (붙이기) 나는 35살 사회초년생이다. 그러므로 사회초년생답게 행동해야 한다.

⑥ 사회초년생답게 '편집'을 해야 한다.

1번에서 6번까지 순차적으로 진행되었는지 아니면 2~3개 과정이 한 번에 달성되고 넘어갔는지는 자세히 알지 못한다. 어쨌든 버릴 것(자존심, 대위)과 넣을 것(막다른 길, 아빠, 사회초년생)을 찾으며 편집을 하자 행복이라는 녀석이 문을 두드렸다.

| 편집의 마법 |

생각을 확장하면 할수록 우리 인생에는 '편집'이라는 개념이 엄청나게 개입되어 있었다. 예를 들어보자. '겉보리 서 말이면 처가살이 안 한다'고 했다. 처가살이를 경험해 본 사람으로서 왜 그런 속담이 나오는지

　　　　　　　　　　　: 운명을 바꾸는 노트의 힘 :

해석해 본다. 처가살이 하면서 발생될 수 있는 가장 큰 문제는 무엇일까? 장인어른, 장모님과 함께 지내는 것은 생각 외로 불편하지 않다. 처음 어색한 기간만 지나면 지구상에 날 그 이상 챙겨주시는 분들은 존재하지 않음을 알게 된다. 항상 신경써주시는 식사와 행여나 사위가 불편할까 봐 세심한 배려까지 늘 감사한 마음이다.

심각한 문제는 따로 있다. 배우자가 없어진다는 사실이다. 내 옆에 있는 이 여자가 아내가 아니라 이 집의 막내딸 같다는 느낌이다. 뭐랄까? 굉장히 외롭다고 표현해야 할까? 실제 나는 아내에게 '내 아내로서의 삶을 살지, 이 집안에서 막내딸로 살 것인지 결정하라'고 말한 적이 있다.

아내에게 처가살이는 결혼 전으로의 복귀였다. 결혼을 하면 정신적으로든 물리적으로든 독립이 되어야 한다. 부모와 기존에 맺었던 관계가 지속되면 곤란하다. 이렇게 새롭게 관계 맺는 게 편집이다. 내 인생의 요소들을 새로운 자리에 배치해야 한다. 부모님과의 관계가 종속관계가 아닌 협력관계로 바뀌어야 한다. 경제적 지원을 받았으면 갚아야 하는 관계로 전환된 것이다. 내 경험의 범위가 '처가살이'로 한정되어서 그렇지, 분명 시집살이 하는 분들의 고충도 다르지 않다는 것을 확신한다. 내 남편과 사는 게 아니라 이 집안의 아들과 같이 산다는 느낌을 받지 않기란 힘든 일일 것 같다.

이런 관점에서 보면 편집을 얼마나 잘 했느냐에 따라 행복의 수준이 달라질 수 있음을 알 수 있다. 인간관계뿐 아니다. 인생을 구성하는 모든 요소에는 '편집'이라는 개념이 적용된다. 따라서 내 삶의 구성요소를 어떻게 편집하느냐에 따라 오늘 내가 누리는 행복의 정도가 결정된다.

 내가 유명 수첩들을 버리고 새로 노트를 만들 수 있었던 이유는 편집이라는 개념을 알았기 때문이다. 개인의 인생을 구성하는 요소는 사람마다 차이가 있다. 그러나 본질은 똑같다. 인생의 전환기에는 삶의 가방을 가볍게 정리할 필요가 있으며 그래서 편집이 필요하다. 이를 위해서는 나의 하루를 위에서 내려다보며 손을 댈 수 있는 툴이 필요하다. 나에게는 그게 3가지 주제로 하루를 정리할 수 있는 노트다.

 노트가 아무리 좋다 한들 편집이 불가하다면 무용지물이다. 수천, 수만 페이지의 정보가 있어도 뷰어(viewer)밖에 없다면 정보 활용성은 떨어진다. 모든 기록은 내 인생에 맞게 편집이 가능해야 하며, 그래야 새로운 창조물로 융합할 수 있다. '마인드맵'도 같은 원리다. 시각화와 조감적 사고를 통해 편집이 가능하도록 만든 최상의 도구다.

 개인적으로 시중에 있는 모든 책은 페이지별로 분철이 되어야 한다고 생각한다. 이른바 '떡제본(무선제본)'으로 되어 있는 책들은 책등(책을 서가에 꽂았을 때 제목 등이 적혀 있는 부분)을 잘라내지 않는 이상 편집이 어렵다. 편집이 불가능한 책은 그래서 재미가 없고, 그래서 1인당 독서량이 바닥인 건 아닐까? 이 말이 억지인 이유도 알고 있다. 전 세계의 책들은 무선제본 방식을 선호하고 있으며, 제본방식과 독서량의 상관관계는 희박하다. 하지만 분철이 되는 링제본 방식으로 만들어 편집이 가능하도록 한다면 독서가 더 재미있는 일로 변화되리라고 믿는다. 편집의 주체가 된다는 것, 그래서 내가 내 삶의 주인이 된다는 것은 생각만으로도 흥분되는 일이다.

3

복잡한 자기계발 방법들,
그 핵심 구조를 발견하다

'행복하려면 편집해야 한다'는 사실을 발견한 이후 내 고민은 딱 하나로 압축되었다.

"내 인생을 구성하는 여러 요소를 어떻게 구분할 것이며, 이를 어떻게 편집해야 하는가?"

트럭기사를 하면서 행복을 느꼈던 그 시절, 미스터리 같은 내 일상을 두고 어떤 분들은 그랬다. '자식이 생겼으니 정신 차리고 열심히 살았던 것 아냐?' 틀린 말은 아니지만 정답도 아니었다. 딸이 태어나기 전에도 정신 못 차리고 살았던 것은 아니었기 때문이다. 아이의 출생과 함께 마음가짐이 바뀐 것은 분명하다. 하지만 그것으로만 설명하기에는 갈증이 가시질 않았다.

그 무렵, 틈만 나면 그동안 써왔던 수첩을 들춰보았다. 어렸을 때부터 기록의 중요성을 잘 알고 있었기 때문에 닥치는 대로 기록을 모으고 관리했다. 안타까웠던 것은 기록 관리가 체계성을 띠기 시작한 시점이 전역 이후라는 점. 만일 군대 있을 때부터 적극적으로 개인 기록을 관리했다면 얼마나 좋았을까? 기록이 배치되는 위치나 기록 사이의 연관성이 현저히 떨어져 가독성이 약했으니 '직관적으로 한눈에 볼 수 있어야 한다'는 지금의 철칙으로 볼 때 아마추어 수준을 벗어나지 못했다. 그래도 내 기록인지라 계속 들여다보니 문득 드는 생각이 있었다.

'꾸준히 적어놓은 기록들을 보니 시간과 목표에 대해 굉장히 철저히 관리했군. 만족스러워. 그런데 너무 내 자신에만 집중되어 있다. 인생이란 절대 혼자 사는 게 아닌데 말이지.'

그때였다. 뭔가 내 머리를 탁 치고 지나간 것이 있었다. 맞다. '관계'가 없다. 인생의 가장 중요한 요소인 '인간관계'가 메모에 담겨 있질 않았다. 그리고 이어지는 깨달음!

'세상에 자기관리를 철저히 하는 사람은 의외로 많다. 그런데 그런 분들을 보고 나도 그래야겠다는 동기부여가 되지 않는 이유는 무엇일까?'

곰곰이 생각했다. 맞다. 자기관리에 철저하고 성과를 추구하는 사람들은 주변에 의외로 많았다. 군대에 있을 때에도 그런 지휘관들은 많이 봤다. 사회에서도 마찬가지. 요즘엔 자기개발에 대한 교육이 흔하기 때문에 사람들의 수준이 상당히 높아진 게 맞다. 그런데 함정이 있었다.

'수신제가치국평천하'라고 유교에서 배움의 목표로 삼는 내용이 있다. 사서삼경 가운데 하나인 《대학(大學)》에 나오는 말인데 '몸과 마음을 닦고〔修身〕 집안을 가지런하게 하며〔齊家〕 나라를 다스리고〔治國〕 천하를

평안히 한다[平天下].'는 뜻이다. 이 문장 가운데 수신(修身)은 분명 자기 개발의 개념이다. 다만 수신은 첫 단추이고 궁극적인 목적은 세상을 평안히 하는 것, 즉 세상이 필요로 하는 사람이 되는 것이다. 수신(修身), 즉 자기계발은 수단일 뿐 그 자체로 목적이 될 수 없다는 말이다.

그런데 나는 어떨까? 내 기록에는 '자기계발'밖에 없다. 나를 업그레이드 하는 일에만 혈안이 되어 살았고, 그 궁극적인 목적은 잊고 살았다. 주변의 독한 자기계발자들도 마찬가지였다. 그들이 내 삶에 모범이 되기 힘든 이유는 그들의 자기계발이 자기 혼자 잘 살기 위한 몸부림에 지나지 않았기 때문이었다. 나만 잘하면 되고, 나만 잘 먹고 잘 살면 된다는 개인주의적인 사고가 타인에게 감동을 주지 못한 것이다.

이런 생각 가운데, 어렴풋하게 하나의 개념이 떠오르기 시작했다. '창조는 편집이다'에서 시작한 수많은 생각의 조각들이 마치 태풍처럼 휘몰아쳤다. 나는 태풍의 눈에 고요히 서서 그 조각들을 바라보았다. 내가 왜 트럭운전기사가 되었는지 그 이유가 실체를 드러냈다.

"지긋지긋했던 군대, 원망스럽기만 했던 군대, 그러나 동시에 미안함이 많았던 군대였기에 군인들의 복지를 위해 이 한 몸 바치겠다는 각오로 시작했구나. 즉 ① 사명을 만든 것이 편집의 시작이었다. 이제 나는 아빠다. 더 이상 물러설 곳도 없다. 이곳에서 뼈를 묻으리라는 마음정리의 편집이 가미되면서 강력한 실행이 시작되었다. 그렇게 열심히 일하다보니 직장 동료도 생겼고, 나를 기다리는 판매병이 생기면서 ② 관계가 회복되었다. 온몸이 부서져라 일에 뛰어들었고 그러다 보니 어떻게 해야 더 빨리 더 많이 배송할지 고민했고 그 과정에서 ③ 업무력이 향상되었다. 35살 늦깎이 나이. 더 이상 내가 꿈꾸던 회사나 조직에는 들어갈 수 없다고 판단했기에 유사시를 대비해서 귀농귀촌학교에 입학해서 공부도 했었다. 무언가를 ④ 학습한다는 것. 그것이 내게 큰 안정감을 주었다."

| 행복의 궁전으로 가는 길 |

회오리바람 속을 떠돌던 조각들이 차분히 내려앉으며 퍼즐판을 채워가기 시작했다.

'행복이라는 것은 내가 처한 외부 상황에 의해 좌우되는 것이 아니라 내 마음의 정리 수준에 따라 얼마든지 가능한 것이구나! 어떻게 편집하느냐에 따라 행복을 찾을 수 있는 것이구나! 나의 꿈과 사명이 상대방에게 어떤 형식으로든 도움을 줄 때, 감동을 줄 수 있는 것이구나!'

맞다. 이거다. 이것이 자기계발의 기본 구조였다. 사명이라는 확고한 바위 위에 관계와 업무와 학습이라는 세 가지 구획을 나누어 그리고 편집이라는 가위와 풀을 들고 하나씩 채우면 바로 지금 이곳에 행복이 내려앉는다.

통상적인 자기개발 프로그램들은 '사명(mission)'을 찾아주는 데 집중한다. 하지만 대개 그 사명이란 개인주의적 꿈 달성인 경우가 많고, 나아가 찾아낸 그 사명에서 어떻게 행복까지 갈 것인지 로드맵을 제시하지 못한다. 타인에 대한 기여로 사명을 확대하지 못하면 이 사회가 나를 필요로 하는 이유를 찾지 못하게 되며, 로드맵이 부재하면 방향을 잃게 된다.

: 운명을 바꾸는 노트의 힘 :

이 두 가지 난제를 해결하는 게 개인주의적 사명에서 사회적 사명으로 확대하는 것이며, 그 사명의 토대 위에 관계와 업무와 학습이라는 세 가지 영역을 만들어놓는 것이다. 그 세 기둥은 편집의 도움을 받아 우뚝 서게 되며 그럴 때 자기계발이라는 성에 행복의 지붕을 올릴 수 있다.

이렇게 찾아낸 그림이 바로 '행복의 궁전'이다. 그림에서 보듯, 자기계발의 초석은 사명(비전)이다. 사명이라는 토대 위에 관계력과 업무력, 학습력의 세 가지 기둥이 우뚝 서 있다. 이 세 기둥을 지배하는 것은 편집이며, 편집을 거쳤을 때 최상위 개념인 행복과 재미의 지붕을 놓을 수 있다. 한 문장으로 풀면 '사명을 바탕으로 관계와 업무와 학습을 편집하면 행복하다'라고 말할 수 있다. 물론 세 가지 기둥 외에도 종교, 예술 등 각자의 행복을 만드는 기둥은 다를 수 있다. 하지만 관계, 업무, 학습 세 가지만은 필수적 공통분모다.

세계 8대 불가사의를 풀어낸 듯, 나는 엄청난 기쁨 가운데 있었다. 빨리 알려주고 싶어서 안달이 났다. 그러나 더 중요한 것이 남아 있었다. 이 환상적인 개념을 어떻게 종이 한 장에 담을 수 있을까? 뜬구름 잡는 이야기가 아닌, 바로 지금 바로 이곳에서 점검이 가능한 구체적인 하루 관리 툴로 어떻게 구현할 수 있을까? 그 방법만 체계화할 수 있다면 내가 지금 어디에 서 있는지 어디로 가는지 알 수 있으며, 그렇다면 어떤 미래도 두렵지 않으리라 확신했다. 그것이 운명을 바꾸는 노트, 일명 〈땡큐노트〉의 시작이었다.

(잠깐! 노트 사용법을 배우기 전에 노트를 구성하는 요소가 왜 필요한지 살필 필요가 있다. 2~4장까지 총 3개의 장은 노트 구성의 핵심인 관계, 학습, 업무를 살펴보는 시간이다. 그 뒤에 노트 사용법으로 넘어가자.)

· 2장 ·

삶을 심플하게
만들기 위한 1단계 :
사명과 관계

1
돈과 사람 가운데
만일 한 가지를 버려야 한다면?

'인간은 본래 불완전한 동물이기 때문에 공동체 안에서만 완전해질 수 있다.'

아리스토텔레스의 말이다. 간단히 줄이면 그 유명한 말 '인간은 사회적 동물이다'로 압축된다. 공감되는 말이다. 인생에서 가장 중요한 요소가 뭐냐고 물어보면 나는 '관계'라고 잘라 말한다. 사실 공부 좀 못해도, 업무 좀 못해도 웬만해서는 자살까지는 생각하지 않는다. 그러나 관계는 다르다. 뭔가 조금만 어긋나도 쉽게 죽음을 생각한다. 그만큼 인간관계에서 받는 스트레스가 상당하기 때문이다.

나는 30살에 군대를 전역하면서 의도치는 않았지만 '정년퇴직'을 미리 경험했다. 돌이켜 생각해 보건데 가장 힘들었던 것은 관계의 단절이다. 짧지도 길지도 않는 6여년의 군 생활 속에서 참 많은 관계를 맺고

: 운명을 바꾸는 노트의 힘 :

살았다. 직책이 바뀌고, 계급이 높아질 때마다 만나는 사람도 훨씬 더 다양해지고, 그 관계 속에서 성과를 만들어갔다. 재미있었다. 대위 때는 대외업무량도 많아지면서 지역 군청이나 읍사무소 사람들과도 일할 기회가 늘었는데 업무능력을 인정받으면서부터는 일보다 재미있는 걸 찾기 힘들 정도였다.

그러다 전역을 맞았다. 전역 이후의 삶 가운데 가장 당황스러웠던 것은 아무도 나를 찾지 않는다는 사실이었다. 10분 간격으로 울리던 휴대폰은 하루의 끝에서 돌아봐도 배터리는 거의 닳지 않은 상태였다.

관계의 단절은 사람을 축소시키고 시야를 좁게 만들었다. 지금의 내 현실만 굉장히 크게 보이고, 나만 힘들다는 생각이 지배하기 시작했다. 급기야 처조카가 나를 무시한다는 느낌까지 받게 되는데 그땐 이미 내가 아닌 것 같은 생각이 들었다. 의학의 도움을 받아야 하는 건 아닌지 심각하게 고민했다.

그동안 모은 돈에 퇴직금까지 합쳐 적지 않은 자금이 있었고, 처가살이 덕분에 큰 지출은 막을 수 있었다. 그런데 돈은 내 자존감에 아무런 도움이 되지 않았다. 사람이 관계에서 타격을 입으면 어떻게 되는지 그때 알았다. 자존감은 밑 깨진 항아리처럼 말라버렸고, 자신감은 12월 나뭇가지처럼 앙상했다. 자존심만 칼바람 같은 눈을 뜨고 있었다. 행여 누가 나한테 상처 줄까 봐 마음을 꽁꽁 동여매고 어깨를 웅크리고 있으니 오던 복도 도망갈 판이었다.

'성과'를 내기 위한 모든 노력은 '관계' 속에서 이루어진다. 공부 같은 것이나 혼자 할 수 있지 분업화된 사회에서는 결코 혼자 성과를 만들 수 없다. 인간관계가 좋은 사람이 높은 성과를 거두는 모습을 어렵지 않게 볼 수 있는 이유도 같은 이유가 아닐까. 최소한 성과라는 측면에서 바라보아도 관계는 매우 중요한 요소다. 나는 강연 때마다 강조한다.

"인생에 큰 변화가 오는 시점에서, 관계가 무너지는 것은 피할 수 없는 일이다. 통상 퇴직할 때 그 경험을 가장 크게 하는데 마음 단단히 먹어야 한다. 내 위치가 바뀌기 때문이다. 그깟 돈이 문제가 아니다. 연금 믿고 안심하다가는 큰코다친다. 우리가 집중해야 할 것은 관계다."

얼마 전 무릎을 치며 본 기사가 있다. '부촌 노인들 점심공동체, 돈 있어도 밥보다 고픈 건 관심(2016. 12. 20)'이라는 한겨레신문 기사다. 경제적으로 여유가 있는 노인도 결국 인간관계의 빈곤을 더 견디기 어려워한다는 사실이다.

공부에 집중해보고 싶은 마음에 무작정 노량진 고시촌에 들어갔다. 이곳은 일부러 관계를 단절한 사람들이 모인 곳이다. 공부만 파겠다고 각오한 사람들이 전부다. 재미있는 것은 그 사람들과 대화하고 관계를 맺으며 힐링을 경험했다는 사실이다. 고시원에서 화장실 청소를 하면서 같이 일하는 총무들과 친구가 되었다. 형님이라고 불러주는 그 친구들이 있어서 즐겁고, 뭔가 사는 맛을 느끼기 시작했다. 트럭운전기사를 할 때도 마찬가지였다. 직장동료가 생기고 나를 기다리는 판매병들이 생기면서 생기가 돌기 시작했다.

우리가 행복해지기 위해서 가장 먼저 돌아봐야 할 것은 의심의 여지 없이 '관계'다. 가장 가깝게는 나 자신과의 관계로부터 가족, 친구, 회사 동료, 사회 지인 등 끊임없이 이어지는 만남 속에서 얼마나 잘 관계를 운영하느냐가 성공의 관건임에 분명하다.

그럼 어떻게 해야 좋은 관계를 맺을 수 있을까? 어떻게 해야 좋은 관

: 운명을 바꾸는 노트의 힘 :

계로 발전시킬 수 있으며, 나빠진 관계는 어떻게 해야 개선할 수 있을까? 고민이 시작되었다. 끊임없이 이어지는 생각 속에서 말할 수 없는 기쁨을 맞이하던 순간은 정말 신비로웠다.

2
거절이
좋은 관계를 만든다

좋은 관계를 맺는 첫 걸음은 무엇일까? 좋은 관계를 맺기 위해 상대방이 원하는 것을 모두 들어주어야 할까?

그건 아닌 것 같았다. 내가 슈퍼맨도 아닐뿐더러 설사 다 퍼준다고 해도 관계가 좋아지는 것은 아니라는 것을 체험적으로 알고 있었다. 대학 시절 여자 친구를 사귈 때, 처음엔 데리러 가는 것만으로도 기뻐하고 행복해 했다. 나중엔 안 오면 짜증내는 것을 몸소 겪은 후 절대 그렇게 하지 않았다. 최초의 호의가 당연한 것으로 전락하기까지는 금방이다. 그럼 어떻게 해야 하는가?

'행복하기 위해서는 편집을 해야 한다'라는 맥가이버 칼을 가져오자 생각이 진전되었다. 좋은 관계를 위해 편집해야 하는 것은 무엇일까? 고민하던 중 이런 생각이 떠올랐다.

'혹시 거절인가?'

거절을 해야 좋은 관계를 유지할 수 있다? 이건 좀 엉뚱했다. 하긴 모든 것을 다 들어주는 것이 방법은 아니라는 사실을 알기에 그 반대의 개념으로 생각해 본 것뿐이다. 그런데 이상하게도 이게 틀린 말은 아닌 것 같다는 느낌이었다. 물론 무조건 거절하는 것은 말이 안 된다. 무슨 기준이 있을 것 같았다. 어떤 기준을 가지고 거절해야 할까?

'편집이라는 것은 통상 잘라낸다는 생각을 하게 만든다. 거절이라는 개념은 잘라내는 편집의 개념이 분명하다. 하지만 편집에는 엄연히 더하는 것도 있다. 예능프로를 보면 자막이나 음악 같은 것들. 이것들은 분명 더해지는 편집이다.'

그런 생각 끝에 떠오른 키워드는 '꿈(혹은 사명)'이었다.

꿈을 기준으로 거절한다면 어떨까? 내 꿈 혹은 내 사명을 기준으로 거절한다면 거절당하는 사람도 이해할 것이고, 거절하는 사람도 당당할 것이다. 여기서 꿈이라는 것이 바로 더해지는 편집이라는 생각이 들었다. 그래서 사람들이 꿈이 있어야 한다고 했던 것이구나. 또 무릎을 쳤다.

2014년 7월, 우리 가족은 남양주 진접 부근 4차로에서 정면충돌하는 사고를 당했다. 차는 완전히 부서졌으나 다행히 사람은 크게 다치지 않았다. 갓 돌이 지난 내 딸까지 타고 있었기 때문에 정말 두려웠다. 순간적으로 중앙선을 넘어 돌진하는 차를 피할 수 있는 방법은 없었다. 그때가 국군복지단 입사 1년차 시절이었다. 마트 점장을 1년 마치고, 바로 보급관으로 보직이동을 했던 시기였다. 부연설명을 하자면, 보급관은 한 달에 70억 정도의 물품을 관리한다. 1년으로 따지면 거의 800여억 원. 물론 나는 그 돈을 본 적이 없다. 컴퓨터 숫자상으로만 구경했는데 어쨌든 워낙 큰 금액을 관리하다보니 자연스레 갑의 위치에 있었다. 그런 보급관이 교통사고를 당했다는 소식이 들리자 여기저기서 병문안을 왔다. 물론 거기엔 업체 대표님들도 포함되었다.

"하루 빨리 쾌차하시길 바랍니다."

와주신 것도 고마운데 일부 업체 대표님들은 위로금까지 주고 가셨다. 봉투를 보니 적지 않은 금액이었다. 그 자리에서 단호하게 거절했어야 하는데 불쾌해 하실까 봐 그러질 못했다. 일단은 받아두기로 했다. 그 일이 나중에 더 큰 불쾌감으로 다가올 줄은 정말 몰랐지만.

일주일간의 입원기간을 지내고 다행히 아무 이상 없이 병실을 나섰다. 퇴원 후 첫 번째 회의시간에 나는 직원들 앞에서 이렇게 말했다.

"입원해 있는 동안, 많은 분들이 병문안을 와주셨습니다. 그 중 일부 업체 대표님들은 위로금까지 주고 가셨는데요. 여기 모두 가지고 왔습니다. 이 돈을 다시 돌려주든지 아니면 직원들 회식을 했으면 좋겠는데요. 일단 공개합니다."

도대체 어느 별에서 온 바보인가 쳐다보는 눈빛을 잊을 수가 없다. '저런 바보 같은 놈! 그냥 조용히 갖든지 직접 돌려줄 것이지 지금 뭐하는 짓이냐!'는 표정들. 이 상황을 지켜보던 본부장은 즉시 돈을 회수했고 해당업체에 돌려주었다. 업체 사장들의 불쾌감은 물어보지 않아도 훤히 보였다. 덕분에 일일이 전화해서 사과하느라 정신없었고, 그때 즉시 거절하지 않은 것이 얼마나 큰 후회로 다가오는지 뼈저리게 경험했다.

나중에 들은 이야기지만 본부장은 그런 내 모습을 보고 신뢰했다고 한다. 보급관 잘 선발했다고, 저 정도 순진한 놈이면 믿을 만하다고 판

: 운명을 바꾸는 노트의 힘 :

단했다는데 그렇게 기분이 좋진 않았다. 내가 너무 바보 같아서.

어쨌든 '군인들의 복지를 위해서 최선을 다해 일하겠다'는 사명감이 그 돈을 거절할 수 있었던 이유가 된 것은 명확하다. 하지만 거절에는 타이밍도 중요하다는 사실을 깨달았고, 설사 타이밍을 놓쳤더라도 절대 거절을 포기하면 안 된다는 것도 배웠다. 바보 같은 내 모습이었지만 그 모습을 보고 신뢰하는 사람도 생겼고, 처음엔 불쾌해 했던 업체 대표에게도 '투명한 사람, 믿을 수 있는 사람'이라는 이미지를 심어준 계기가 되었기 때문이다.

주저하지 말고 거절하자.

3
자기계발의
이유 찾기

좋은 관계를 위해서는 거절할 줄 알아야 한다. 그 거절의 근거는 '꿈'이다. 흔히 '사명'이라고도 불리는 이 단어는 마르고 닳도록 불려왔기에 신선할 것이 없지만 의외로 발견 과정이 녹록하지는 못하다. 수많은 자기계발 전문가들이 '꿈과 사명'을 찾기 쉽도록 도움을 주고자 노력했다. 그래도 숨바꼭질은 여전하다. 나 또한 제대로 된 사명 한 문장을 찾는 데 10년이라는 세월이 걸렸다. 하지만 반드시 찾아야 한다.

사명이란 '의사가 되겠다, 세무사가 되겠다'와 같이 직업 종류를 선택하는 게 아니다. 직업을 갖는 것은 사명을 달성하기 위한 수단일 뿐이다. 대신 그 수단을 통해 내가 달성하려는 목표가 사명에 해당한다. 꿈이라는 것은 그래서 직업의 범주를 넘어선다.

흔히 우리는 꿈을 설정할 때 '무엇이 되는 것'에 초점을 맞춘다. 이건 상당히 위험한 일이다. 왜냐하면 설정한 그 '무엇'이 되지 않을 경우, 생각보다 크게 좌절하기 때문이다. 또한 그것 때문에 스스로를 비하하거나 무능한 사람으로 낙인찍어버리는 경우도 비일비재하다. 이건 분명히 오류다. 뇌가 손상된다. 그럼 어떻게 제대로 된 꿈을 찾을 수 있을까? 전역 이후 계속했던 고민이었고, 이젠 제법 쓸 만한 방법을 알게 되어 공개하고자 한다. 세 가지 질문에 대한 진지한 답이면 된다. 꼭 꿈을 찾길 바란다.

| 첫 번째 질문 : 살면서 재미있었던 순간은? |

〈에디톨로지 : 창조는 편집이다〉의 저자 김정운 교수는 사람은 '행복과 재미'를 추구하기 위해 산다고 주장했다. 세상에 불행하기 위해 사는 사람은 아무도 없다는 것. 그렇다면 꿈이라는 것은 행복하고 재미있어야 한다는 전제가 깔리게 된다.

그래서 첫 번째 질문이다.

"지금까지 살아오면서 가장 재미있었던 순간은 언제인가?"

그 순간을 가만히 떠올려 보자. 내가 굉장히 몰입했던 순간들, 그래서 시간 가는 줄도 모르고 푹 빠져 있었던 그 무엇인가를 진지하게 생각해 본다. 그때 실실 웃어도 좋고, 배꼽을 잡아도 무방하다. 다만 기왕이면 혼자 있을 때 그러길 바란다. 옆 사람 생각도 해 줘야 하니까 말이다.

내가 생각했었던 10가지 행복했던 순간, 혹은 행복에 푹 젖어서 했던 일을 공개한다.

① 무언가를 시스템화하고, 실생활에 적용하기

② 디지로그 구현을 위하여 이것저것 고민하기

③ 공부 성과를 높이기 위한 노트필기나 방법 따위를 고민하기

④ 사람들과 만나서 이야기 나누고, 공감하고 소통하기

⑤ 정리정돈 하는 생활, 그에 걸맞은 환경 만들기

⑥ 같은 이야기라도 더 재미있고, 맛깔나게 말하기 위해 고민하기

⑦ 무언가를 배우고 이를 누군가에게 전달하기

⑧ 책을 읽고, 책을 쓰고, 책을 요약하기

⑨ 내게 주어진 역할을 훌륭하게 완수하기

⑩ 진정한 리더십이 무엇인지 탐구하고 조직과 그 구성원에게 알려주기

사소한 것이라도 적어보길 권한다. 기적은 멀리 있는 것이 아니니까.

| 두 번째 질문 : 어떤 사람이 되고 싶은가? |

두 번째 질문을 공개한다.

"당신은 어떤 사람이 되기를 원하는가?"

달리 표현하면 '당신이 원하는 모습'을 생각해 보고 적어본다. 당신이 궁극적으로 원하는 모습 말이다. 이것도 마찬가지다. 거창할 필요가 없다. 나는 다음과 같이 9가지 모습을 적었다.

① 섬기고, 공감하며, 앞장서는 리더

② 냉정한 프로다움과 빈틈 많은 옆집아저씨 모습의 공존(ex. 백종원)

③ 영어로 농담하고, 영어로 대화하며 같이 웃고, 영어로 잠꼬대하기

④ 자녀와 함께 공부하고, 고민하고, 즐거워하는 모습

⑤ 아내, 자녀와 함께 오로라 여행 하는 선상에서 낭만 즐기기

⑥ 막연한 리더십이 아닌 실천 가능한 리더십 배양도구를 개발하여 군대뿐 아니라 사회 구석구석 많은 사람들에게 전파하고 교육하고, 배우는 모습

⑦ 고시공부에 실패했던 경험을 반면교사로 삼아 학생들에게 진정한 공부가 무엇이고, 그 방법이 무엇인지 제시해 인생의 참된 재미와 의미를 찾아주는 내 모습

⑧ 사람들을 디지털치매에서 구제하기 위한 대안을 제시하는 선구자(세계 최고의 디지로거 및 바인딩 선구자)

⑨ 멋지게 늙어가는 인상과 몸매

종교적인 것은 빼고 총 9가지를 적었다. 어쩌면 여기까지 적으면서 살짝 머리에 쥐가 오는 분도 있을지 모르겠다. 기왕 한 가지 질문만 더 해보자.

세 번째 질문 : 하고 싶은 일은?

세 번째 질문은 이렇다.

"당신이 하고 싶은 일은 무엇인가?" 나의 답변은 다음과 같다.

① 신개념의 바인더 개발, 전파, 교육(디지로거가 되기 위한 개인 기본 도구)

    – 카드학습법 구현, 편집의 즐거움, 요약의 위대함, 필기의 숭고함

② 섬기는 리더십을 구현할 수 있는 주간프로젝트 양식 개발

③ 씽크와이즈로 완벽한 디지털 환경 구현

④ 디지로그 환경 구현을 위한 모든 노하우 전파(장비, 바인딩 등)

⑤ 대한민국 리더십 학교 대표, 땡큐바인더 리더, 디지로그 연구소 소장

⑥ 자녀와 같이 수능 공부하고 시험 보기

⑦ 군인들에게 힘과 용기를 줄 수 있는 실제적 증거들 발굴, 도전, 전파

⑧ 파워블로거

여기까지 모두 작성했다면, 정말 고생하셨다고 말씀드린다. 이제 거의 다 왔다. 편집만 남았다. 지금까지 작성한 문장들은 당신의 머릿속에 있던 것이 손을 통해 나온 아웃풋이다. 같은 내용은 있을 수 없다. 이제부터는 내가 하는 대로 따라만 하면 된다.

| 편집 1단계 : 핵심단어 고르기 |

각 문장들에서 핵심단어만 뽑아본다. 꼭 한 개의 단어여야 한다. 한 문장에서 두 개의 단어를 뽑으면 오류다. 혹시 중첩되더라도 한 가지만 골라라. 그리고 빨간색 볼펜으로 동그라미를 치길 바란다.

내가 좋아하는 것 5가지

① 무언가를 시스템화하고, 실생활에 적용하기

② 디지로그 구현을 위하여 이것저것 고민하기

③ 공부 성과를 높이기 위한 노트필기나 방법 따위를 고민하기

④ 사람들과 만나서 이야기 나누고, 공감하고 소통하기

⑤ 정리정돈 하는 생활, 그에 걸맞은 환경 만들기

⑥ 같은 이야기라도 더 재미있고, 맛깔나게 말하기 위해 고민하기

⑦ 무언가를 배우고 이를 누군가에게 전달하기

⑧ 책을 읽고, 책을 쓰고, 책을 요약하기

⑨ 내게 주어진 역할을 훌륭하게 완수하기

⑩ 진정한 리더십이 무엇인지 탐구하고 조직과 그 구성원에게 알려주기

내가 원하는 모습

① 섬기고, 공감하며, 앞장서는 리더

② 냉정한 프로다움과 빈틈 많은 옆집아저씨 모습의 공존(ex. 백종원)

③ 영어로 농담하고, 영어로 대화하며 같이 웃고, 영어로 잠꼬대하기

④ 자녀와 함께 공부하고, 고민하고, 즐거워하는 모습

⑤ 아내, 자녀와 함께 오로라 여행 하는 선상에서 낭만 즐기기

⑥ 막연한 리더십이 아닌 실천 가능한 리더십 배양도구를 개발하여 군대뿐 아
니라 사회 구석구석 많은 사람들에게 전파하고 교육하고, 배우는 모습

⑦ 고시공부에 실패했던 경험을 반면교사로 삼아 학생들에게 진정한 공부가
무엇이고, 그 방법이 무엇인지 제시해 인생의 참된 재미와 의미를 찾아주는
내 모습

⑧ 사람들을 디지털치매에서 구제하기 위한 대안을 제시하는 선구자(세계 최고의 디지로거 및 바인딩 선구자)

⑨ 멋지게 늙어가는 인상과 몸매

내가 하고 싶은 것

① 신개념의 바인더 개발, 전파, 교육(디지로거가 되기 위한 개인 기본 도구)

    – 카드학습법 구현, 편집의 즐거움, 요약의 위대함, 필기의 숭고함

② 섬기는 리더십을 구현할 수 있는 주간프로젝트 양식 개발

③ 씽크와이즈로 완벽한 디지털 환경 구현

④ 디지로그 환경 구현을 위한 모든 노하우 전파(장비, 바인딩 등)

⑤ 대한민국 리더십 학교 대표, 땡큐바인더 리더, 디지로그 연구소 소장

⑥ 자녀와 같이 수능 공부하고 시험 보기

⑦ 군인들에게 힘과 용기를 줄 수 있는 실제적 증거들 발굴, 도전, 전파

⑧ 파워블로거

| 편집 2단계 : 3개만 남기고 버리기 |

여기까지 되었다면 그 다음에는 다시 버려야 한다. 골라낸 핵심단어들 중 각 질문에 대한 핵심단어 3개만 남기고 모두 버린다. 딱 세 개만 남기고.

: 운명을 바꾸는 노트의 힘 :

내가 좋아하는 것 5가지

① 무언가를 시스템화하고, 실생활에 적용하기

② 디지로그 구현을 위하여 이것저것 고민하기

③ 공부 성과를 높이기 위한 노트필기나 방법 따위를 고민하기

④ 사람들과 만나서 이야기 나누고, 공감하고 소통하기

⑤ 정리정돈 하는 생활, 그에 걸맞은 환경 만들기

⑥ 같은 이야기라도 더 재미있고, 맛깔나게 말하기 위해 고민하기

⑦ 무언가를 배우고 이를 누군가에게 전달하기

⑧ 책을 읽고, 책을 쓰고, 책을 요약하기

⑨ 내게 주어진 역할을 훌륭하게 완수하기

⑩ 진정한 리더십이 무엇인지 탐구하고 조직과 그 구성원에게 알려주기

내가 원하는 모습

① 섬기고, 공감하며, 앞장서는 리더

② 냉정한 프로다움과 빈틈 많은 옆집아저씨 모습의 공존(ex. 백종원)

③ 영어로 농담하고, 영어를 대화하며 같이 웃고, 영어로 잠꼬대하기

④ 자녀와 함께 공부하고, 고민하고, 즐거워하는 모습

⑤ 아내, 자녀와 함께 오로라 여행 하는 선상에서 낭만 즐기기

⑥ 막연한 리더십이 아닌 실천 가능한 리더십 배양도구를 개발하여 군대뿐 아니라 사회 구석구석 많은 사람들에게 전파하고 교육하고, 배우는 모습

⑦ 고시공부에 실패했던 경험을 반면교사로 삼아 학생들에게 진정한 공부가 무엇이고, 그 방법이 무엇인지 제시해 인생의 참된 재미와 의미를 찾아주는 내 모습

⑧ 사람들을 디지털치매에서 구제하기 위한 대안을 제시하는 선구자(세계 최고의 디지로거 및 바인딩 선구자)

⑨ 멋지게 늙어가는 인상과 몸매

내가 하고 싶은 것

① 신개념의 바인더 개발, 전파, 교육(디지로거가 되기 위한 개인 기본 도구)
   – 카드학습법 구현, 편집의 즐거움, 요약의 위대함, 필기의 숭고함

② 섬기는 리더십을 구현할 수 있는 주간프로젝트 양식 개발

③ 씽크와이즈로 완벽한 디지털 환경 구현

④ 디지로그 환경 구현을 위한 모든 노하우 전파(장비, 바인딩 등)

⑤ 대한민국 리더십 학교 대표, 땡큐바인더 리더, 디지로그 연구소 소장

⑥ 자녀와 같이 수능 공부하고 시험 보기

⑦ 군인들에게 힘과 용기를 줄 수 있는 실제적 증거들 발굴, 도전, 전파

⑧ 파워블로거

| 편집 3단계 : 문장 만들기 |

자, 이제부터는 살아남은 세 단어를 조합하여 문장을 만든다. 최대한 말이 되게 만들어야 한다. 다소 억지스럽더라도 만들어본다.

홍현수의 사명은

• 나는 무엇을 하든 더 많은 사람들이 더 나은 삶을 사는 데 기여할 수 있는

일을 하고 싶다(하버드 스타일, 2014, 92p)

- 더 많은 사람들이 행복하고, 재미있는 삶을 살 수 있도록 구체적인 행복 훈련법을 시스템화하여 전달한다.
- 관계력과 업무력, 학습력의 구체적 사안을 찾아서 전달한다.
- 군인들이 사회적 존경을 받을 수 있는 실력을 향상시키는 데 기여한다. (2017. 2)
- 나는 사람들과 조직이 자신을 뛰어넘을 수 있도록 돕는다. (2017. 4)

첫 번째 문장은 사명 찾기 방법을 알기 전, 〈하버드 스타일〉이라는 책에서 차용해온 꿈이다. 책을 통해 꿈을 찾는 것도 좋은 방법일 수 있다. 아래 2~4번째 문장은 최종까지 남겨진 9가지 단어를 조합해서 만든 사명인데 표현이 별로 마음에 들지 않았었다. 늘 고민을 하던 중, 깔끔하게 떠오른 한 문장이 마지막 글, '나는 사람들과 조직이 자신을 뛰어넘을 수 있도록 돕는다.'였다.

꿈이라는 것은 한 문장으로 깔끔하게 나올수록 편하다. 사실 이 문장도 별로 신선한 문장은 아니지만 이 문장이 나온 근거가 명확하기 때문에 '꿈'이라고 인정할 수 있었다.

문장 정리에 한 가지 팁을 준다면 다음 틀에 대입해 보는 것이다.

내가 가장 재미있어 하는 ○○ 일을 통해서 ○○를 하고, ○○ 모습이 되겠다.

인생을 살면서 자신의 사명을 찾는다는 것은 그렇게 쉽진 않다. 아주 특별한 경우를 제외하고는 단번에 자신의 사명을 만나는 사람이 몇이

나 되겠는가. 하지만 포기하지 않고 꾸준히 고민한다면 누구나 꿈을 찾을 수 있으리라 확신한다. 그것도 남이 흉내 낼 수 없는 꿈. 만약 꿈을 찾았다면 진심으로 축하한다. 꿈(사명)이라는 토대 위에 자기계발이라는 구조물이 설 수 있기 때문이다. 그렇다면 이제부터 하는 이야기들이 더 재미있을 것이다.

: 운명을 바꾸는 노트의 힘 :

4
그가 원하는 것 말고
필요로 하는 것을 채워주자

선인장이 예쁘다고 매일 물을 주면 죽는다. 이처럼 나의 만족을 위해 하는 일과 상대방이 필요로 하는 일은 전혀 다를 때가 굉장히 많다. 그 반대도 마찬가지. 딸아이가 통 밥을 먹지 않는다. 본인이 원하는 것은 오로지 초콜릿. 제대로 된 부모라면 눈물 쏙 빠지게 혼을 내더라도 반드시 밥을 먹인다. 아이가 원한다고 모두 들어주는 것은 자칫 위험에 빠질 수 있기 때문이다. 원하는 것과 필요로 하는 것. 이 개념은 최근에 재독했던 〈선택〉(스펜서 존슨)에서 다시금 발견했다. 비슷한 것 같지만 사과와 귤만큼 엄청난 차이가 있다. 강의 시간에도 종종 이 내용을 언급한다.

"세상이 원하는 사람이 되지 마십시오. 세상에 꼭 필요한 사람이 되십시오. 경험상 어떤 것을 원해서 결국 얻었다 한들 끝까지 만족스러웠던 적은 없습니다. 하지만 필요한 것은 다릅니다. 필요한 것은 취향이나 만족의 문제 이전에 반드시 있어야만 하는 것입니다."

'사명'을 설정했고, 이를 위해 '거절'을 할 준비가 완료되었다면 그 다음에는 '상대방이 필요로 하는 것'을 알아보는 능력을 가져야 한다. 필요한 것을 채워주는 사람은 막강한 힘을 갖기 때문이다. '원하는 것'을 채워 주는 건 답이 아니다. 좋은 예가 있다. 성경에 등장하는 '선한 사마리아인의 비유'다.

— 길을 가다가 강도를 만나 치명상을 입은 사람이 있다. 바닥에는 피가 흥건했고 피해자는 의식을 잃고 쓰러져 있었다. 마침 존경받는 지위에 있던 제사장이 길을 지났으나 못 본 척 그대로 지나쳤다. 뒤를 이어 레위인도 쓰러진 사람을 보았으나 아무런 구호조치 없이 지나갔다. 그런데 당시 천민 취급을 받던 사마리아인이 그를 업고 여관으로 가서 치료해주고 보살폈다. 과연 누가 진정한 이웃이겠는가?

여기까지가 통상적으로 알고 있는 내용이다. 그러나 다음부터가 진짜다. 조금 더 들어가 보자.

— 밤새 그 행인을 보살핀 사마리아인은 다음날 여관 주인에게 돈을 주며 간호를 부탁했다. 만일 돈이 모자라면 돌아오는 길에 지불하겠다고 하면서 말이다.

사마리아인에게는 용무가 있었다. 피투성이가 되어 있는 그 사람을 위해 돌보아주긴 했으나 이튿날 길을 떠나야 할 만큼 용무가 바빴다. 나는 이 지점에서 '거절'을 느꼈다. 사마리아인은 상대의 필요(목숨 구제)는 들어주었으나 상대가 원하는 것(지속적 보호)을 모두 들어주진 않았다. 우리의 관계 맺음은 딱 여기까지만 하면 된다.

올해 1월, 변을 보면 하혈을 심하게 했다. 전에도 한 번 그런 적이 있어 크게 놀라진 않았으나 그때는 한 번 그러고 말았다. 이번에는 며칠 연속으로 이어졌다. 변기가 온통 피로 물들었을 만큼 상황이 심각했다. 덜컥 겁났다.

한 달 정도 기다려 어렵사리 대장 내시경 검사를 받았다. 전날 종일 설사를 하고 쫄쫄 굶고 가서 15분 정도 하는데 정말 고역인데다 민망하기까지 했다. 검사가 끝나면 바로 결과가 나오는 것도 아니었다. 또 며칠 기다렸다가 진단결과를 들었다.

"내치질입니다. 용종이 하나 있었는데 제거했습니다. 암은 아니네요. 다음부터는 대장항문과로 가세요."

별 것 아니라는 말에 마음이 진정되었으나 의사는 단 한 번도 나를 쳐다보지 않았다. 컴퓨터 화면에 시선을 고정한 채 손으로는 키보드를 두드리면서 입으로 딱 한마디만 던졌다. 내가 무엇을 물어봐도 무미건조한 단답형 대답만 돌아왔다.

이 의사와 사마리아인은 어떻게 다를까? 어떻게 보면 둘이 매우 비슷해 보인다. 필요한 구호만 하고 그 이상의 행위에는 관심이 없기 때문이다. 그런데 둘은 위치가 다르다. 사마리아인은 의사가 아닌 길을 가던 사람이었고, 내 앞에서 키보드만 두드리던 사람은 의사였다. 의사는 병세나 치료에 대해서 환자에게 알려줄 의무가 있는 사람이다. 그런데 이

의사는 내가 지금 얼마나 애를 태웠는지 전혀 모르고 있다. 나는 뭔가 그의 역량 밖의 일을 원하는 게 아니다. 단지 환자로서 이 병세에 대한 확증, 심각한 병이 아니라는 확증만 주면 충분했다.

굳이 말로 하지 않아도 된다. 공감의 눈빛이나 부드러운 목소리와 같이 보디랭귀지에 속하는 따뜻한 어루만짐이면 충분하다. 사람은 고생했다는 말을 하지 않고도 표정과 눈빛을 통해 안쓰러움이나 공감을 표할 수 있다. 엉덩이를 피로 적신 내게, 대장암이 급증하고 있다는 신문 기사를 접하고 사는 내게 필요한 건 '안심하셔도 돼요. 전혀 걱정 없습니다.' 하는 정서적 신호였다. 그러나 의사는 내 필요를 보고 있지 않았다. 아니면 다 채워주었다고 느끼고 있는 것인지도 모른다. 진짜? 완전히 가시지 않은 불안감 때문에 영상CD 구워서 다른 병원에 가야 하는 건 아닌가, 하고 잠시 고민했는데?

병원을 나서면서 만약 인공지능이 결합된 로봇 의사가 등장한다면 더 이상 사람 의사한테 진료 받지 않겠다고 결심했다. 어차피 사람이나 로봇이나 교감 못하는 건 똑같을 텐데 뭘.

아이가 원하는 걸 다 채워주는 건 아이뿐 아니라 관계를 망치는 지름길이요, 냉담한 의사처럼 상대의 필요를 못 보고 지나치는 것도 관계를 망치는 길이다. 대신 사마리아인처럼 행동하자. 상대방의 필요를 분명히 알고, 이를 채워주려고 노력하되 필요를 넘어 굳이 만족의 영역까지 선을 넘지 않도록 한계를 정하자. 이런 균형감은 인간만이 할 수 있는 섬세한 센스에서 비롯된다. 사마리아인에게서 시크한 매력도 느껴지지 않는가? 선을 베풀었으나 자랑하지 않을 것 같은 그런 매력 말이다.

: 운명을 바꾸는 노트의 힘 :

| 필요를 채워주는 데 도움이 되는 책 |

상대의 필요를 채워주는 훈련에 도움 되는 책 두 권을 소개한다.

첫 번째 책은 게리 채프먼이 쓴 〈5가지 사랑의 언어〉다.

사람은 각자 자기만의 '사랑의 언어'를 갖고 있다는 게 핵심주제인데 다음과 같이 크게 5가지로 사랑의 언어를 제시한다.

① 인정하는 말

② 함께하는 시간

③ 봉사

④ 선물

⑤ 스킨십

어떤 이는 자신을 인정해주는 말①을 들을 때 사랑을 느끼며, 어떤 이는 함께 시간을 보낼 때② 사랑을 느낀다. 나를 위해 무언가 희생하고 봉사하는 것③을 사랑의 징표로 받아들이는 사람도 있고, 선물④과 스킨십⑤을 사랑의 언어로 여기는 사람도 있다. 뮤지컬 교본에 보면 캐릭터들 역시 그 행동의 목표가 대개 '사랑받는 것'이라고 하는데 이때 그 사랑이란 '내가 원하는 방식으로 나를 사랑해주는 것'이라고 정의를 내리고 있다.

나의 경우, 사랑의 언어는 '인정하는 말'이다. 반면 내 아내는 '봉사'. 아내에게 아무리 '당신이 최고야' 하고 '인정하는 말'로 칭찬해 봐야 아무 소용이 없다. 내 입에 맛있는 음식이 아내 입에는 맞지 않다. 그 후

특별한 일이 없는 한 나는 집에서 '설거지'를 전담하고 있다. 그게 아내로서는 '사랑받고 있다'는 느낌을 준단다. 글쎄? 머리가 긁적여지는 대목이다. 대신 아내에게 당당히 요구한다. 내가 설거지를 할 때는 격하게 칭찬해 달라고 말이다. 우리는 서로 봉사와 인정의 말을 주고받음으로써 사랑을 확인한다.

가운데 인형을 놓고 아이와 엄마가 마주앉아 있다. 이때 아직 연령이 어린 아이들은 엄마도 지금 자기와 똑같이 인형의 얼굴을 보고 있다고 여긴단다. 상대의 마음이 나와 같을 거라고 여기는 것이다. 그러나 〈5가지 사랑의 언어〉는 그렇지 않다고 강하게 말한다. 이런 인사이트를 따라가면 우리는 흥미로운 결론에 도달한다. 상대가 나에게 맞추길 바라는 것은 위험한 것이며 서로의 언어와 생각과 필요가 모두 다르다는 사실을 이해해야 한다. 따지고 보면 인생사 거의 모든 일이 상대방의 필요를 충족시키는 과정을 통해 행복을 만들어 나가는 것이리라. 돈을 번다는 것도 결국 내 시간을 투자하여 상대방의 필요를 채워주는 것이 아니었던가? 단, 내 방식대로가 아니라 그의 방식에 맞게 말이다.

두 번째로 소개할 책은 마커스 버킹엄의 〈강점혁명〉이다.

이 책의 핵심주제는 '약점을 보완하려 하지 말고 강점을 극대화하라'는 것. 역시 굉장한 책이다. 아무리 상대의 필요를 채워주는 것이 중요하다지만 내 강점이 무엇인지 알아야 할 것 아닌가? 곳간에서 인심난다고 베풀 게 있어야 도울 수 있다. 내가 무엇을 잘하는 사람인지, 무엇을 좋아하는지, 무엇에 재미를 느끼는지 알아야 하는 이유다. 나의 부족한 것으로 상대를 돕는 것은 불가능할뿐더러 설령 손길을 내민다 한들 도움이 되기 힘들다. 이 책에서는 자신의 강점을 진단해 볼 수 있는

ː 운명을 바꾸는 노트의 힘 ː

쿠폰이 동봉되어 있으니 꼭 확인하길 바란다.

특별히 군대에 강연을 나갈 때는 꼭 세 가지 사항을 강조한다. 첫째, 좋은 관계는 거절에서 시작한다. 둘째, 사람을 공부하라. 계급사회 특성상 하급자에겐 긴장의 끈을 놓치는 경우가 많다. 따라서 인간의 본성을 쉽게 확인할 수 있다. 이런 기회는 사회에 나오면 쉽게 만나보기 힘들다. 그리고 셋째로 부하에 대한 관심과 사랑을 강조한다. 내 부하가 필요로 하는 것이 무엇인지 알아보는 연습을 하고, 이를 채워주기 위해 먼저 섬겨보는 연습을 하라고 강조한다. 그것이 사회에 나왔을 때 리더로서 얼마나 큰 도움이 될지 나중에 꼭 느껴보라고 말이다.

사회와 군대는 다르지 않다. 내 꿈을 분명히 설정하고, 사명에 바탕을 둔 '거절'과 '지원'을 하고, 상대방의 필요가 무엇인지 알아보는 것. 그리고 나의 강점은 무엇인지 인식하고 그것으로 채워주는 연습을 하면 군대든 사회든 리더가 된다.

· 3장 ·

삶을 심플하게
만들기 위한 2단계 :
손과 학습

1
잃어버린
배움의 기쁨을 되찾자

사람은 배울 때 행복을 느낀다. 일흔이 넘은 나이에 공부가 즐겁다며 사이버 대학교를 다닌 이화여대 이근후 명예교수는 학이시습지의 즐거움에 푹 빠진 분이다. 〈나는 죽을 때까지 재미있게 살고 싶다〉는 책은 배움의 즐거움에 빠진 그의 고백록이다. 수학의 노벨상인 필드상을 수상한 일본의 수학자 히로나카 헤이스케도 평생을 학문의 즐거움에 발을 담근 분이다. 그의 책 〈학문의 즐거움〉은 그가 즐긴 평생의 공부하는 재미를 담고 있다.

공부란 본디 즐겁고 신나는 과정이다. 그게 정상이다. 하지만 그 단어가 뭔지 모를 부담으로 다가오고, 어쩔 수 없이 해야 하는 것으로 변질된 것은 '성적과 경쟁'이라는 환경 때문이리라. 옆자리에 앉은 친구보다 더 높은 점수를 받아야 번듯하게 취업할 수 있고 사람답게 살 수 있다는 강박이 우리를 지배한다.

어느 날 김정운 교수의 강연을 듣다가 'school'의 어원을 알고 서글퍼졌다. 이 말은 그리스어 'schole'에서 왔는데 원래 뜻은 '여가'나 '한가한 시간'이었다. 경제적으로 여유를 즐길 수 있는 상위계층만 학교를 다닌 데서 이 단어가 유래했다는 설과, 쉬는 시간에 스승과 자유롭게 토론한 데서 비롯되었다는 설이 팽팽히 맞서는데 어쨌든 한가로움 속에서 무언가 즐기는 모습이라는 점은 다르지 않다. 내가 겪었던 학교생활과, 간접적으로 접하는 최근의 교실풍경을 떠올리면 너무나 대조되는 분위기에 마음이 무거워진다.

5년간 고시 생활은 결코 행복하지 않았다. 힘들고 어렵고 답답했다. '공부가 제일 쉬웠어요'라고 말하던 누군가가 정말 나쁜 사람 같았다. 결국 모든 것을 포기했던 그 순간, 남겨진 수많은 교재와 유인물들은 내 좌절감을 더 깊게 만들었다. '넌 돌대가리야'라는 생각은 자존심에 치명적 손상을 주었다. 고시생활은 도박 같았다. 조금만 더 하면 될 것 같다는 희망고문. 마음을 다잡으며 책상에 앉는 내 모습은 한심함과 기대감의 교차점에서 늘 방황했다. 그래서 공부라는 것이 내 머릿속에선 늘 부담이었다.

정말 다행이다. 왜냐하면 모든 것을 포기하고 다시 첫 발을 내디딘 직장이 엄청난 육체노동을 요구하는 곳이었기 때문이다. 만약 몸을 쓰는 곳이 아니었다면 영원히 올라오지 못할 나락으로 떨어졌을지 모른다. 공부의 기쁨을 이야기하는 사람을 '해낸 자의 자랑질' 정도로 치부하며 못난 자의 분노에 휩싸여 속을 시커멓게 태웠으리라. 워낙에 힘들다 보니 이것저것 생각할 겨를이 없었던 게 나에게 축복이었다. 머리를 바닥에 붙이면 어디서든 3초 안에 잠들어버리는 그 상황이 나를 지탱해 주었다.

누구나 같은 커리큘럼을 공부하고, 그 안에서 순위를 매기는 방식에서 나는 낙오했다. 어쩌면 내가 그 기회를 뻥 차버린 것인지도 모른다. 어쨌든 길고 긴 노동과 짧은 잠이 번갈아 나를 지배하던 시기를 거치며 나는 '공부'를 새로 발견하는 기쁨에 빠졌다. 이제는 더 이상 스트레스 넘치는 경쟁적 학습은 내게 없다. 생존경쟁에서 승리하기 위한 학습이 아니라 나 자신의 성장을 위한 즐거운 공부를 할 준비가 되었다.

따지고 보면, 배움이라는 것이 꼭 학교에서만 이루어지는 게 아니더라. '학교 무용론'까진 아니더라도 학교에 전과 같은 가치를 부여하지 않는 내 입장에서는 꼭 제도권 교육에 집착할 필요가 있겠냐는 생각이다. 물론 정해진 교과서나 교재, 치열한 경쟁 안에서 더 높은 성과를 내는 사람도 있겠지만 나는 사회라는 부정형의 교실에서 더 많은 걸 배운 것 같다.

고 1때, 농구하다가 발목이 꺾이며 심하게 골절당한 적이 있다. 핀을 네 개나 박고 1년 넘게 목발을 짚고 다녔는데 그나마 반에서 중간 정도 하던 성적이 하위권을 향해 달음질쳤다. 특히 수학은 숫자만 읽을 수 있을 뿐 기호와 의미를 분간하지 못했다. 부모님이나 나나 엄청나게 고민했다. 어떻게 수학을 따라잡을 수 있을지 앞이 깜깜했다. 그러나 내가 진심으로 서운했던 것은, 단 한 번도 나를 위해 수학 진도를 맞춰준 선생님이 딱 한 분도 없었다는 사실이다. 뭐 안다. 나 하나 때문에 진도를 늦출 수도 없는 것이고, 수업시간 외에 시간을 투자할 수도 없는 노릇이니까. 그래서 더 화가 난다. 왜 나는 나를 투명인간 취급하는 그런

곳을 못 가서 안달이었을까? 개근상장을 받고 싶었을까? 남들이 다 다니니까 나도 다녀야 한다고 생각했을까?

8사단 강연을 갔을 때다. 사단장은 강연 내용에 대해 깊은 지지와 함께 작가 홍현수에게 뜨거운 응원을 보내주었다.

"홍 작가! 홍 작가님은 전문가에 대해 어떻게 생각하시오?"

사단장은 한참 어린 나에게 깍듯이 존칭을 붙이며 이렇게 질문을 던졌다. 그리고 이어지는 사단장이 알려준 전문가의 정의는 지금도 가슴을 설레게 한다. 거기서 또 발견한 것이 있기 때문이다. 배움의 기쁨을 되찾을 수 있는 단초를 찾았기 때문이다.

"전문가는 세 등급으로 나눌 수 있소. 첫 번째는 경험만 풍부한 사람, 두 번째는 경험과 이론을 겸비한 사람, 세 번째는 그 이론을 바탕으로 새로운 것을 융합할 줄 아는 사람이오. 그런데 그보다 더 높은 전문가가 있는데 혹시 알고 있소?"

"잘 모르겠습니다. 가르쳐 주십시오."

"그것은 실행하는 사람이오. 융합된 지식을 바탕으로 끝까지 해내는 사람이 진짜 전문가요."

정확한 이유는 모르겠으나 가슴이 뜨거워졌다. 너무 감사했다. 이어지는 한마디는 나를 더욱 전율에 휩싸이게 했다.

"홍 작가, 앞으로 많은 일을 하게 될 것 같소. 우리 군대 발전에 큰 기여를 해주었으면 좋겠소. 다만 한 가지. 동양과 서양에 대한 융합을 더 적극적으로 해보는 건 어떻소? 강의에서 보여준 마인드맵은 내가 보기엔 서구적 이론이 바탕이 되는 것으로 보이는데 동양적 철학이 가미되었으면 하는 바람이 생겼소. 동서양의 사상적 바탕을 잘 융합하면 뭔가 홍 작가만의 색깔이 나올 것 같은데."

내가 왜 흥분했을까? 혹시 눈치 채신 독자분이 있는지 모르겠다. 맞다. 8사단장이 말해 준 개념이 정확히 '편집'과 일치하기 때문이다. 단순히 누적시킨 학습의 '양'으로는 제도권 교육에서 승승장구하던 친구들을 이길 수 없다. 그렇다면 방법은 하나. 누적된 양을 이길 수 있도록 질을 높이며, 배움의 즐거움을 되찾는 마법은 바로 '편집'이다. 바로 그거다.

: 운명을 바꾸는 노트의 힘 :

2
편집을 하면
학습이 재미지다

학습에서의 편집 개념에 대해 조금 더 깊이 들어간다. 학습 분야에서 편집을 제대로 하고 싶다면 몇 가지 도구가 필요한데 디지털 도구와 아날로그 도구를 모두 소개하고자 한다.

| 디지털 도구 |

우선 편집을 잘하려면 파악해야 할 것이 있다. 그것은 '맥락'이다. 편집을 위한 준비운동이자 마무리 운동이 되는 맥락 파악은 숲을 볼 수 있도록 도와준다. 마치 내비게이션에 목적지를 설정하면 화면에 뜨는 최적코스와 같은 게 맥락 파악이다. 맥락 파악을 가장 이상적으로 수행할 수 있는 프로그램이 있다. 바로 '마인드맵'을 컴퓨터로 구현한 '씽크와이즈'다.

강의 때마다 강조하지만 마인드맵만큼 맥락 파악하는 데 이상적인 프로그램이 없다. 맵의 구조가 뇌 시냅스를 꼭 빼닮은 필기방식이기 때문에 그렇다고 하는데 나 같은 경우는 그보다는 전체를 한 화면으로 내려다볼 수 있기 때문이다. 책 쓰기를 할 때 목차를 마인드맵 방식으로 작성하면 조감도(a bird's eye view)처럼 한눈에 볼 수 있다. 이 책도 씽크와이즈의 도움을 얻어 집필했다. 활용도가 워낙 무궁무진해서 '행복 편집 프로그램'이라고 나름대로 별명도 지었다. 내가 가장 신뢰하는 디지털 도구다.

| 아날로그 도구 |

아날로그 편집 도구는 종류는 많지만 간단하다. 종이, 펜, 바인더(일명 '아이왔쳐'). 아! 그리고 펀치도 있다. 펀치야말로 정말 중요한 편집도구다. 왜냐하면 종이를 관리하기 위해서 반드시 구멍을 뚫어야 하기 때문이다. 천공을 하지 않은 종이는 절대 관리가 될 수 없다. 어딘가에서 유인물이나 학습보조 교재를 받았다. 처음에는 잘 보관한다. 서랍이나 책꽂이에 잘 모셔둔다. 달력이 넘어가고, 보관 장소를 잊거나 보관 사실 자체를 까먹는다. '구슬이 서 말이어도 꿰어야 보배'라고, 편집에는 반드시 구멍(hole)이 필요함을 예부터 잘 알고 있었다.

| 왜 세계 정상들은 아날로그 도구를 쓸까? |

우리나라에서 주로 쓰이는 노트나 책은 대부분 편집이 불가능하도록 제작되어 있다. 내용물을 추가하거나 삭제하는 것을 처음부터 원천 봉쇄했다. 사용자가 손을 대지 못하는 구조는 재미를 반감시키는 데 결정적 역할을 한다. '옥스퍼드 노트'라고 혹시 아는가? 한 장씩 뜯어서 노트를 한 뒤 바인딩을 할 수 있도록 제작한 노트다. 해외 영화나 드라마를 보면 학생들이 옥스퍼드 노트를 들고 다니는 장면을 심심치 않게 볼수 있는데 우리나라에서는 보기 힘들다. 편집의 기회, 아니 편집의 재미를 박탈당했다는 말이다.

2014년 6월 벨기에 브뤼셀에서 G7이 열렸다. 이 자리에서 7개국 정상들이 원탁에 둥글게 모여 회담을 하는 장면이 사진에 포착된 적이 있다. 오바마의 뒷모습도 보이고, 독일 총리 메르켈과 일본의 아베도 보인다. 국가 수장들의 모임이라기에는 원탁이 협소하여 마치 친목회 하는 듯한 느낌이다. 그런데 더 흥미로운 건 참석자들은 하나같이 바인더를 들고 와서 펼쳐보거나 혹은 테이블 위에 올린 채 대화를 나누었다는 사실이다. 세계 정상들이면 뭔가 최첨단 스마트 기기를 쓸 것 같지만 내 눈으로 확인한 그들의 회담 사진은 진실을 담고 있다. 모두 바인더를 들춰보며 회의에 임한다. 내가 보기에 메르켈 총리 기준 좌측에 앉은 사람은 인덱스까지 만들었다. 엄청나게 꼼꼼한 사람 같다. 규모가 클수록 디테일에서 승부가 갈린다는 듯이 그들은 세심하다. 세계 정상들도 분명 아날로그 도구를 쓴다. 그런데 우리는 이를 우습게 여긴다. 이 같은 아이러니가 또 있을까?

살펴보기를 바라는 또 한 장의 사진이 있다. 2017년 1월 23일 도널드 트럼프 대통령이 자국의 기업인들을 만났다. 트럼프답게 혼자 손짓을 해가며 메시지를 전달하고 있는 장면인데 이 사진에서도 우리는 바인더와 수첩, 펜이라는 아날로그 편집 도구를 확인할 수 있다.

반면 우리나라 정치인들의 회의 장면은 좀 다르다. 종이와 펜이 있는 건 맞지만, 바인더가 보이지 않는다. 어떤 사진에서는 뜯어 쓰는 형식의 메모장만 보인다. 뜯어 쓰기는 용이할지 모른다. 그런데 그 짝이어야 할 바인더가 없다는 말은 기록만 할 뿐 편집을 하지 않는다는 뜻이리라.

물론 알고 있다. 일부 회의 장면으로 전체를 단정 짓는 것은 오류다. 그러나 이 단편적 장면에서 분명히 느껴지는 것은 기록하고 편집하는 습관에 차이가 있다는 것. 그 사소해 보이는 차이가 내게는 너무 크게 느껴진다. 편집하는 사람은 하지 않는 사람보다 훨씬 업무를 재미있고 창의적으로 할 것 같은 느낌을 지울 수 없다. 그는 일과 배움에서 즐거움을 느낀다. 왜냐하면 편집권, 즉 주도권을 자신이 쥐고 있기 때문이다.

재미있는 세상을 만드는 데 '아이왓쳐'는 결정적인 기여를 할 것이다[나는 개인적으로 바인더라는 표현보다는 '아이왓쳐'라는 이름으로 부르고 있다. '바인더'라는 표현은 '묶다'는 기능적 의미에 주목한 표현이지만 나는 이 도구의 목적, 즉 '나의 하루를 돌아보면서 자기 성장을 돕는 도구'에 주목했다. 그런 점에서 보면 '아이왓쳐(iWatcher)'가 더욱 적절한 이름 같다]. 전 국민이 자기 인생을 객관적으로 바라보고 기록을 통해 주도적으로 삶을 편집해 나가도록 도울 것이기 때문이다. 매일 컴퓨터나 모바일 화면만 들여다보고 있으면 안 된다. 아무 생각 없이 시간은 잘 보낼 수 있을지 모르지만 그게

: 운명을 바꾸는 노트의 힘 :

진짜 재미는 아니다. 남이 만든 것을 소비하는 수동적 입장에서 내가 만들어가는 적극적 재미의 장으로 나오기 바란다.

3
손으로 쓰면
편집 능력이 향상된다

강연회에 참석한 사람들의 모습 가운데 내가 한 가지를 금지시킬 수 있다면 그것은 휴대폰으로 사진 찍기이다. 사진이 여행이나 기념의 범주를 벗어나서 일상을 스캔하는 복사기 역할로 넘어가면서부터 강의실에서는 수시로 찰칵 소리가 난무한다. 판서되거나 빔프로젝트로 띄운 화면을 그대로 담기 위해 사람들은 바쁘게 셔터를 누른다. 어디 사진뿐이랴. 수업을 통째로 녹음하거나 심지어 용량이 얼마나 되는지 모르지만 녹화까지 뜨는 경우도 종종 접한다.

빠짐없이 모조리 기록으로 남길 수 있다는 생각은 청중 혹은 학생들에게 여유를 준다. 강사의 말을 적느라 숨 쉴 틈 없이 바빴던 시절은 이제 개구리 올챙이 적 얘기다. 그런데 너무 여유로웠나? 강의 내용이 아무것도 기억나지 않는다. 내가 기억하지 못해도 이 스마트한 기기는 분

: 운명을 바꾸는 노트의 힘 :

명 기록을 갖고 있다고 마음을 푹 놓는다. 설령 지금은 놓쳤지만 나중에 들으면 된다는 마음으로 느슨히 강의에 임한다. 그러다 보니 이거 놓치면 끝이야 하는 마음으로 1~2시간을 지속해서 집중했던 그 사람의 모습은 이제 공룡처럼 멸종했다.

내가 손 필기의 중요성을 인식하게 된 것은 기술사 시험을 준비할 때였다. 기술사 시험은 100% 주관식 시험이다. 23줄이 쳐 있는 백지노트에 손으로 필기하면서 답안을 풀어내야 한다. 그렇기 때문에 볼펜심이 며칠을 못갈 정도로 정신없이 쓰면서 공부할 수밖에 없다. 쓴다는 행위자체가 상당한 에너지가 소비되는 일일 뿐 아니라 완벽하게 이해되지 않으면 절대 손이 움직이지 않음도 알게 되었다. 분명히 눈으로 보고 귀로 들으며 이해의 숲에 도달했다고 여겼는데 손으로 나오지 않는 것을 보면서 인풋뿐 아니라 아웃풋까지 가능해야 진짜 아는 것임을 알게 되었다.

육군 소위 계급장을 달고 자대에 배치 받았던 2002년 일이다. 당시 대대장은 초임 장교들을 대상으로 '백지전술' 시험을 봤다. 백지전술이란 우리 부대가 전시에 어떤 역할을 하는지, 어디로 이동하며 그곳에서의 임무는 무엇인지 상세히 나열한 일종의 계획서 같은 것이다. 한 달 정도 준비를 거치고 시험 당일, 하얀색 A4 백지가 주어졌다. 꼴깍 침을 삼키며 발표가 시작되었다. 지도를 그려 넣고 우리 부대와 인접부대를 표시하면서 발표했는데 대대장이 상당히 만족스러워했다. 그때를 돌이켜 보면 내 머릿속에 그림처럼 들어 있던 지식이 있었기에 자연스럽게 손이 움직였던 기억이 난다. 내가 완전히 체득한 지식만이 손을 통해 나온다.

언제부터인지는 모르겠으나 파워포인트가 군대에 보급된 후로는 상황보고나 전술회의 때 모두 대화면을 동시에 보게 되었다. 시선을 끌기 위한 용도로 화려한 애니메이션 효과가 삽입되고 직관적 이해를 돕기 위해 여러 부연자료가 첨가되었다. 보기에는 근사한 파워포인트는 그런데 참 이상했다. 왜 '백지전술' 시험보다 못하다는 느낌일까? 보고 있을 때야 고개가 끄덕여지고 뭔지 알겠다. 근데, 돌아서면 까마귀 고기를 먹은 것 같다. 파워포인트 자료를 작성하는 간부나 병사의 고초는 말로 표현할 수 없다. 조금이라도 더 세련되게 만들기 위해, 더 멋진 효과를 주기 위해 수백 번 수정을 거듭한다. 열심히 만든 만큼 시선을 끄는 데는 성공하는지 모르겠지만 과연 뇌리에도 뚜렷이 각인될까?

EBS에서 학습 관련 다큐멘터리를 보다가 '메타인지'를 접하고 머리가 쭈뼛 서는 경험을 했다. 우리 뇌는 어딘가 필요한 자료가 저장되어 있다고 확신하게 되면, 절대 활성화되지 않는다고 한다. 녹음을 하고 사진을 찍는 행동이 바로 여기에 해당한다. 통째로 찍어놨으니까, 통째로 녹음했으니까 뇌는 안심한다. 그런데 통째로 녹음했던 그 파일을 다시 들은 적이 있던가? 시간이 그렇게 남아도는가? 사진도 마찬가지다. 중요하다고 찰칵 찍어놓은 그 사진은 특별한 경우가 아닌 이상 굳이 찾지 않게 되는 일이 흔하다. 그래서 우리는 휴대폰에 단순히 저장했을 뿐인데 그 지식을 내 손에 넣었다, 알고 있다고 착각하게 된다. 깊이 있고 아웃풋이 가능한 지식이 줄어들고 두루두루 얕게 아는 지식이 자꾸만 늘어간다.

나는 지금 컴퓨터라는 첨단 문명을 거부하려는 게 아니다. 다만 휴대폰과 컴퓨터를 쓰면서 손으로 하는 기록의 효과를 얻으려고 한다면 곤

: 운명을 바꾸는 노트의 힘 :

란하다는 점을 지적하는 것이다. 컴퓨터는 뛰어난 계산능력에 바탕을 두고 편리성을 추구하는 기계다. 반면 기술적인 면에서 손 필기는 번거롭고 귀찮은 일이지만 뇌를 사용하게 만든다.

사람의 말을 그대로 받아 적기도 힘들고, 판서한 내용을 하나도 놓치지 않고 적기도 번거롭다. 그래서 들은 정보, 본 정보를 편집하려고 한다. 정말 중요한 것만 적게 된다. 요약하게 된다. 어쩔 땐 인포그래픽처럼 이미지를 그려서 수업 전체를 녹여내기도 한다. 이 과정에서 두뇌가 풀가동한다. 가공되지 않은 정보를 요약할 수는 없는 법이다. 듣기는 들었으나 우리 뇌가 처리하지 못하면 우리는 이를 '한 귀로 듣고 한 귀로 흘린다'고 표현한다. 반면 뇌를 거치며 가공된 정보는 각자의 이해도와 개성에 맞게 처리된다. 스스로 정보의 중요도와 우선순위 등 가치를 따지게 되고 정보 사이의 연관성을 찾게 된다. 그렇게 머리를 쓰는 일 자체가 '편집'이다.

이것이 바로 손 필기를 해야 하는 이유다.

컴퓨터는 정보를 저장하는 데 특화되어 있다면, 사람은 버리는 일에 익숙해져야 한다. 가장 중요한 것만 남기고 버리는 훈련, 이를 원활히 하기 위해서는 개별 정보가 아닌 전체 맥락을 파악해야 하고, 상대방의 의도를 정확히 파악해야 한다. 이것이야말로 완벽한 '편집' 훈련이다.

스티브 잡스가 '스타일러스 펜'을 비웃으면서, 대안으로 제시했던 것은 '손가락'이었다. 그가 아이폰, 아이패드를 발표하면서 늘 강조했던 것은 아날로그적 감성이었다. 최첨단 기기를 발표하면서 말이다. 아이러니 아닌가? 그래서 나는 말한다.

'터치는 화면을 넘기는 데에는 최적의 기술이었음을 인정한다. 혁신이었다. 하지만 사람들의 뇌를 혁신하기에는 역부족이었다.'

4
오른 '손'을 보완해줄
왼 '디지털'

디지로그는 디지털과 아날로그를 합쳐 만든 말이다. 이어령 교수가 〈디지로그〉라는 책에서 처음 선보인 이 단어가 자기계발의 핵심 단서가 된다고 확신한다. 김정운 교수도 그분을 자주 언급하는 것을 엿볼 수 있는데, 두 분 다 기회가 닿으면 꼭 한 번 뵙고 싶다. 어쨌든 디지털에 대한 부정적 견해로 일관해 온 탓에 내가 아날로그만 좋아한다는 오해를 할지 모르겠다. 분명히 말씀드리자면 나는 얼리어댑터 기질이 다분한 사람이다. 누구보다 더 디지털에 개방적이고, 기술의 급속한 발전을 기뻐한다. 다만 딱 한 가지 우려는 디지털이 만능이라고 생각하는 시대적 분위기일 뿐.

종이와 필기도구, 바인더와 천공만으로도 물론 편집은 가능하다. 그러나 디지털이 제공하는 편리성도 사용할 만한 값어치가 있다. 내가 오른 손과 왼 '디지털'을 쓰는 이유는 디지털이 가진 고유한 편리성 때문이다.

| 맵을 그리는 데 탁월한 씽크와이즈 |

디지털 프로그램 중 내가 선호하는 프로그램은 '씽크와이즈'와 '에버노트'다. 아이디어의 발산과 정리에는 '마인드맵' 이상의 필기법은 없다. 다만 마인드맵을 손으로 필기할 경우, 중심부에서 시작하는 특성상 필기가 한쪽으로 쏠리는 경우가 많다. 그러다보면 종이 공간이 모자라곤 한다. 어지간히 훈련해서는 아날로그적으로 맵을 그리기가 어렵다. 그런데 디지털 마인드맵 프로그램 씽크와이즈는 이 벽을 가볍게 뛰어넘는다. 클릭 한 번으로 맵 디자인도 바꾼다.

한편 요즘 나오는 씽크와이즈 버전은 플래너와 연동되어 실행력을 강화시켰다. '생각만 하는 공상가'에서 '강력한 실행력을 갖춘 리더'로 탈바꿈시켜주는 기능이다. 다만 나는 직접 개발한 '땡큐노트'와 연동하여 사용한다. 이는 디지털에만 의존하지 않고 내 손으로 직접 인생을 운영하려는 중요한 시도다. 나는 사명에서 출발하여 이후의 모든 자기계발을 위한 시도까지 모든 기록을 씽크와이즈로 넓게 펼쳐놓고 늘 조망하고 있으며, 하루하루 손으로 체크하면서 살아간다. 이것은 아날로그적 방식만으로는 절대 구현하지 못하는 기능이다.

⋮ 운명을 바꾸는 노트의 힘 ⋮

| 스크랩을 위해 사용하는 에버노트 |

에버노트는 굉장히 유명한 디지털 메모 앱이다. 기능이 워낙 많고, 유용하여 전 세계인이 선호하는데, 나는 그 많은 기능 중에서 딱 한 가지 기능만 쓴다. 스크랩 기능이다. 잠들기 전 혹은 아침에 일어나 습관적으로 열어보는 스마트폰은 예상치 못했던 유용한 기사거리나 정보를 보여준다. 나중에 다시 열어봐야지 했다가는 어느 순간 사라질지 모르기 때문에 즉시 스크랩한다. 그 기능 외에는 사용하는 것이 없다. 갑자기 떠오르는 영감을 녹음하거나 손으로 적는 기본기능 정도나 사용할까. 하지만 그렇게 모은 스크랩 수가 1000여 개가 되면 상황은 달라진다. 일종의 개인 데이터베이스가 되는데 이 책을 집필할 때도 큰 도움을 받았다. 에버노트에 모은 스크랩 자료들을 씽크와이즈로 불러와 분류별로 나눈 맵을 보면서 원고를 썼다.

| 브랜딩 도구, 블로그와 페이스북 |

블로그와 페이스북은 어떤가. 나는 유명 파워블로거는 아니지만 블로그 관리는 꾸준히 하려고 노력중이다. 나를 알리고 브랜딩하는 데 이보다 더 유용한 툴이 있을까? 물론 블로그에 매몰되어 블로그 상의 내가 현실의 나를 지배하는 일이 생기면 곤란하지만 적절한 자제력과 분별력을 갖췄다면 적극적으로 활용해야 하는 도구다.

스마트기기의 본질은 '통신기기'라고 생각한다. 반면 종이와 펜은 '표현수단'이다. 이 둘은 본질이 다르기 때문에 하나가 다른 하나를 대체하는 일은 좀처럼 일어나기 힘들 것 같다고 감히 예상해 본다. 도리어 둘은 서로가 서로를 필요로 하는 보완재 역할을 하게 되리라.

통신기기인 스마트기기는 놀라운 전달력을 바탕으로 세계 어느 곳이라도 즉시 많은 사람들에게 나의 정보를 공유시킬 수 있다. 반면 내 생각의 흐름을 볼 수 있고, 뇌의 처리과정을 거쳐야만 적을 수 있는 종이와 펜은 사유와 창의라는 표현의 공간에서 최적화되어 있다. 그런 이유로 어떤 이는 종이와 펜을 제2의 뇌라고도 부르기도 한다.

디지털과 아날로그가 물과 기름처럼 섞일 수 없다는 극단적 생각보다, 얼마든지 조화롭게 어울릴 수 있다는 것, 그것이 '디지로그'를 가능케 하며 우리를 미래지향적 양손잡이로 만들어줄 것이다.

· 4장 ·

삶을 심플하게
만들기 위한 3단계 :
일, 쪼개기와
거꾸로 계산하기

1

내가 업무방식을 바꾸지 않으면
업무가 나를 지배한다

"왜 가격표가 일치하지 않지?"

군 마트(일명 PX) 관리를 하면서 가장 귀찮은 일 중 하나가 가격표 관리다. 상품을 진열했으면 바로 아래 가격을 표시해야 하는 건 기본이다. 당연한 일이지만 마트를 운영하다 보면 그게 생각대로 되질 않는다. 시중 대형마트의 완벽한 가격표들은 각 코너별로 수시로 관리하는 직원이 배치되어 있고, 가격표를 출력하는 시스템도 체계적으로 구비되어 있기 때문에 그렇게 철저한 관리가 가능한 것이다.

처음에는 어쩔 수 없는 일이라 여기고 눈 딱 감고 있으려 했다. 군대 마트라는 곳이 경쟁이 없다 보니 느슨하게 운영해도 크게 개의치 않는 분위기였다. 그런데 볼 때마다 눈에 거슬렸다. 아마도 내가 군인 신분이 아니었기 때문이리라. 나는 군 마트를 찾는 사병과 직업군인들을 '고객'

이라는 차원에서 바라보고 있었다. 다른 건 둘째 치고 고객의 입장에서 가격표와 상품이 불일치하면 마트 관리에 대해 불신하게 되는 것 아닌가? 납품 업무를 맡고 있는 나와 우리 업체까지 덤터기로 싸구려 취급을 받을 수도 있는 일이다. 더욱이 상급기관의 점검도 신경 쓰이는 일.

"아무개야. 가격표를 체계적으로 관리할 수 있는 방법 없을까?"

"그런 거 없습니다. 아무리 관리관님이라도 못하십니다."

어느 날 판매병에게서 돌아온 차가운 답변이 오기에 불을 질렀다.

'그런 게 없다니, 누구 마음대로 없다는 거야?'

그날부터 가격표 고민을 시작했다. 어디를 가든 가격표만 보였다. 대형마트에 가도 가격표, 편의점을 가도 가격표. 그 가격표를 어떻게 관리하는지 직원 뒤를 졸졸 따라다니기도 했다. 진짜 부럽더라. 가격표 출력하는 프린터도 따로 있고, 용지도 종류별로 구비되어 있었다. 이벤트용 가격표, 일반 진열대용 가격표는 물론이고, 가격표를 붙일 수 있는 자리까지 깔끔하게 마련되어 있었다. 세상에 태어나서 가격표 보고 부러움이 들기는 그때가 처음이었다.

'저런 장비와 시스템을 우리 마트에 당장 도입할 수는 없다. 돈도 돈이지만 저렇게 화려할 필요는 없지 않은가. 교체가 편리하고, 지속적으로 관리할 수 있으면 충분해.'

아무리 머리를 굴려도 묘안이 떠오르지 않았다. 하루는 치맥이 먹고 싶어 전단지를 찾다가 냉장고에 붙어 있던 치킨광고 고무자석이 눈에 띄었다.

'자석? 자석? 자석!'

욕조에 몸을 누이고 있던 아르키메데스가 이런 심정이었으리라.

'그래, 고무자석! 이거야 이거!'

인터넷에 검색해본 고무자석의 가격은 나를 더 흥분시키기에 충분했다. 저렴했기 때문이다. 마침 엊그제 본부 폐기물 처리장에 갔다가 버려진 한 무더기의 가격 표시바가 떠올랐다.

'그걸 가격표 크기로 잘라서 뒷면에 고무자석을 붙이면 손쉽게 탈부착이 가능한 가격표시기가 되겠구나!'

아이디어를 들은 판매병들은 손사래를 쳤다.

"그딴 거 소용없습니다. 관리 못합니다. 절대 안 됩니다."

"애들아, 그러지 말고 한번 해보기나 하자."

"아! 정말 죽겠지 말입니다."

냉장고나 냉동고에 들어가 있는 물품은 가격을 표시하기가 참 애매하다. 지금은 냉장고에 가격 표시기가 장착되어 출시되지만 냉동고는 지금도 마찬가지. 위에서는 보관 진열 중인 상품에 일일이 가격을 표시하라고 요구하는데 현실적으로 힘들다. 대형마트를 빼면 냉동고에 가격표시가 된 경우는 사실 찾기 힘들다. 고무자석 가격표는 이 문제들도 손쉽게 해결해준다.

어쨌든 현장 판매병들의 귀차니즘을 뚫고 내 관리 아래 있는 마트에서 사용을 개시했다. 처음에 입이 삐죽 나왔던 판매병들도 사용해보니 의외로 괜찮다며 수용적 자세로 바뀌었다. 반면 나름 성과가 있다고 믿고 주변에 소개해주었으나 따라 하는 사람은 없었다. 성공적인 아이디어가 성공적인 보급을 보장해주는 건 아닌 모양이다.

: 운명을 바꾸는 노트의 힘 :

일의 재미를 되찾으려면 변화를 시도하자

습관의 무게는 참 놀랍다. 우리가 늘 해오던 방식에 익숙해진 나머지 작은 변화조차도 거부하며 자연스럽게 '안 된다'고 생각한다. 조직이 크면 클수록, 복지부동의 경향이 더욱 강해지는 것 같다. 물론 안정적인 월급을 받는 조직이 훨씬 심하다. '규정'과 '방침'이 명확하기 때문이다. 누가 시키기 전에는 절대 움직이지 않으려 하고, 변화를 시도하는 사람에게 '규정'의 잣대를 들이댄다. 되는 이유는 하나도 없고 안 되는 이유는 수십 가지에 이른다. 이건 이래서 안 되고 저건 저래서 안 되고.

악순환이 따로 없다. 관습은 변화를 거부하게 만들고, 같은 일의 반복은 일을 지루하게 만든다. 그래서 일이 재미없어지는데 이건 누가 만든 것인가?

관계와 학습을 즐겁고 재미있는 일로 바꾸기 위해서는 '편집'이 개입해야 한다. 변화된 환경과 내 위치를 재조직하고 받아들인 정보를 가공 처리하여 내 것으로 만들어야 한다. 주도권을 쥐고 능동적으로 임하는 것이 관계를 관리하고 학습을 효과적으로 만드는 방법인 것이다. 이것은 업무도 마찬가지다.

하지만 그 편집에는 반드시 '규정과 방침'을 뛰어넘는 도전이 포함되어야 한다. '규정과 방침'이 도전보다 우선적 지위를 누려선 안 된다. 누군가 도전했기에 그 일이 생겼으며 시간이 지나며 익숙해지다 보니 지금의 관습이 되었다. 그 다음에 이를 꾸준히 유지하고 관리하기 위해서 '규정과 방침'을 마련한 것이다.

도대체 무엇 때문인지는 모르겠지만 우리는 항상 꾸준히 유지관리만

하려고 하는 것 같다. 뭔가 발전시키기 위해 감수해야 하는 불편함과 어색함 따위는 모른 척 눈을 감는다. 언젠가 그 '규정과 방침'으로 인해 원치 않는 퇴직을 당하게 되는 날이 오지 않기를 바랄 뿐이다.

2
쪼개라!
쪼갤 수 없을 때까지

굉장히 바쁘다. 매순간이 정신없고 매일이 눈코 뜰 새 없다. 3시간 이상 자는 건 사치다. 그런데 정작 하루의 끝에서 보면 이룬 것도 별로 없는 것 같다. 정말 이상한 건, 나보다 더 바빠 보이는 누군가는 가족과 여행도 간다. 심지어 자격증도 딴다. 더 놀라운 건 책도 썼다! 도대체 어떻게 이런 일이 벌어질 수 있을까? 저 사람이나 나나 똑같이 24시간을 사는데 왜 결과가 다를까? 단언컨대 그에게는 있고 나에게는 없는 게 '쪼개기'라는 편집 스킬이다.

업무에서 가장 중요한 편집 키워드는 '쪼개기'다.

'쪼갠다'는 말은 다시 말하면 작게 시작한다는 뜻이다. 이는 〈실행이 답이다〉(이민규)에서 습득한 개념이다. 아무리 거대해 보이는 일도 잘게 쪼개서 접근하면 당할 재간이 없다. 예를 들어, 부대에서 '시범식 교육'

을 준비한다고 하자. 장소 섭외는 어디로 하고, 교관은 누구로 편성할 것이며, 유인물 작성과 행사일정 전파, 장비는 어떻게 준비하고 다과는 어떻게 준비할지 모든 것을 쪼갤 수 없을 때까지 쪼갠다. 잘게 쪼갠 각 각의 구성요소에 시간을 적용하면 프로젝트가 완성된다.

'씽크와이즈'를 만든 심테크 시스템 정영교 대표는 그의 책 〈프로젝트 능력 : 생각을 성과로 바꿔라〉에서 프로젝트를 '기한과 목표가 있는 일'이라고 정의했다. 언제까지 무엇을 하겠다는 모든 계획이 프로젝트라는 말이다. 명쾌한 말이다. 일을 잘한다는 말을 듣고 싶다면 잘게 쪼개서 기한을 정하면 된다. 그 작은 업무의 단위들을 하나씩 처리하다보면 일이 완성을 향해 다가가고 있다는 느낌을 가질 수 있다. 내가 추진력이 있는 사람이라는 느낌은 덤이다. 성경에 '작은 일에 충성된 자가 큰 일에도 충성한다'는 말의 맥락은 이런 차원에서 해석할 수 있다. 작은 일 큰 일이 따로 존재하는 것이 아니다. 큰 일이란 건 업무에 대한 마음의 짐을 그렇게 표현한 것일 뿐 사실 세상에는 작은 일밖에 없다. 그 작은 일들을 고리 지어 하다 보면 마치 레고 블록처럼 놀라운 성과를 거두게 된다.

쪼개기를 통해 업무를 제대로 하기 위한 팁은 다음과 같다.

① 쪼갤 수 없을 때까지 쪼갠다.
② 잘게 쪼개진 업무들을 보면서 우선순위를 파악한다. 급한 일과 나중에 해도 될 일을 구분한다.
③ 중요한 일과 덜 중요한 일을 구분한다. 시간이 없어도 꼭 해야 할 일과 시간이 안 되면 포기할 일을 나눈다.

: 운명을 바꾸는 노트의 힘 :

④ 내가 직접 해야 할 일과 누군가에게 위임해도 되는 일을 구분한다.

이와 같이 쪼갠 업무를 1) 시간, 2) 중요도, 3) 수행주체 기준으로 구분한 뒤 진행하면 일에 끌려 다니지 않아도 되고 나 혼자 하느라 애를 태울 필요도 없다. 죽어라 일하지만 칭찬은커녕 욕만 먹는다면 쪼개고 나누기, 즉 업무의 편집 방법을 꼭 기억하자.

3
쪼개기의
구체적인 방법

창의가 대세인 시대가 되었지만 그렇다고 모든 일을 다 창조적으로 할 수는 없는 법. 루틴처럼 단순 반복되는 일이 사실 더 많다. 경우에 따라 하지 않아도 별 문제 없는 일도 있으며, 누군가에게 위임해도 아무 이상 없는 일도 있는 법이다. 자잘한 루틴 업무를 절묘하게 운영할 줄 알아야 창조적인 일에 시간을 투자할 수 있는 여력이 생긴다. 너무 바빠서 아이디어를 찾을 시간이 없다고 투덜거리는 사람이 있다. 설령 시간을 차고 넘치게 던져줘도 그에게서는 좋은 아이디어가 나오기 힘들다. 시간을 어떻게 써야 하는지 배운 적이 없기 때문이다. 그런 분들에게 4단계 업무 쪼개기 방법을 소개한다. 다음 사례는 실제 내가 마트 관리관으로 일하면서 사용했던 업무 쪼개기 예시다.

: 운명을 바꾸는 노트의 힘 :

송금, 수령철 정리, 반납철 정리, 보전 건의 / 보전철 정리, 일품검사 / 일품철 정리, 업무일지, 훈련 / 휴가 일정보고, 창고 선입선출 정리, 시효 반납율 추적보고, 판매병 바인더 정리(미불, 결손 등), 월 마감 / 월 마감보고(초 1일 이내), 결손보고서 작성(초 1일 이내), 송·수신 2번(말일), 업무일지 마무리 / 담달 업무일지 만들기, 광고지 최신화(첫 1일), 진열, 가격, 시효미불확인, 반납예정확인, 개인위생, 매장청결(마트 1일체크리스트), 청구확인(일/수, 프로그램사용 여부), 미진열 확인고갈고려청구(매주 일/수 프로그램사용), 회전율&시효고려보전 건의, 성에 제거, 온도 확인(수시), 친절행사, 주문상품 바인더순서, 할인품 진열, 해약품 반납, 미처리송증, (월말)대차대조 작성, 판매자금시스템 확인, 재물조사

송금, 수령철 정리, 반납철 정리, 보전 건의 / 보전철 정리, 일품검사 / 일품철 정리, 업무일지, 훈련 / 휴가 일정보고, 창고 선입선출 정리, 시효 반납율 추적보고, 판매병 바인더 정리(미불, 결손 등), 월 마감 / 월 마감보고(초 1일 이내), 결손보고서 작성(초 1일 이내), 송·수신 2번(말일), 업무일지 마무리 / 담달 업무일지 만들기, 광고지 최신화(첫 1일), 진열, 가격, 시효미불확인, 반납예정확인, 개인위생, 매장청결(마트 1일체크리스트), 청구확인(일/수, 프로그램사용 여부), 미진열 확인고갈고려청구(매주 일/수 프로그램사용), 회전율&시효고려보전 건의, 성에 제거, 온도 확인(수시), 친절행사, 주문상품 바인더순서, 할인품 진열, 해약품 반납, 미처리송증, (월말)대차대조 작성, 판매자금시스템 확인, 재물조사

단계 1과 2의 질문에 대한 답은 동일하다. 여기서 내가 신기했던 것은 거의 모든 일이 단순반복 업무라는 사실이었다. 다시 말하면 매번 되풀이해야 하는 일들이 나를 괴롭힌다는 것. 단순 업무는 미리 처리하거나 위임하거나 뒤에 처리해도 괜찮은 일들이다. 이런 일들에 대해 정확하게 갈무리해 놓지 않으면 24시간이 모자라는 경험을 하게 되고 일에 쫓긴다. 눈만 뜨면 일을 해야 한다는 강박이 생기고, 해도 해도 끝이 없다는 느낌을 받는다. 그런데 아니다. 일은 분명히 끝이 있는 행위라는 것을 기억해야 한다. 그렇다면 이 반복업무를 어떻게 처리해야 할까? 다음 단계로 가자.

단계 ③ 이 업무들의 주기를 확인하시오

일일 업무

- 송금

- 수령철 정리

- 반납철 정리

- 보전 건의/보전철 정리

- 일품검사/일품철 정리

- 업무일지

주간 업무

- 훈련/휴가 일정보고

- 창고 선입선출 정리

- 시효 반납율 추적보고
- 판매병 바인더 정리(미불, 결손 등)

월간 업무

- 월 마감
- 월 마감보고(초 1일 이내)
- 결손보고서 작성(초 1일 이내)
- 송/수신 2번(말일)
- 업무일지 마무리/다음달 업무일지 만들기
- 광고지 최신화(첫 1일)

단계 ④ 일일 업무 중 1주당 반복빈도를 확인하시오

주 3일 : 보전 건의

주 5일 : 송금, 수령철, 반납철

주 7일 : 일품검사, 업무일지

단계 4까지 쪼갰으면 일단 됐다. 이것을 어떻게 운영할지는 다음 5장에서 상세히 설명할 예정이다. 우리가 분명히 알아야 할 것은 자신에 일에 대해 반드시 분석해 봐야 한다는 사실이다. 자기가 하는 일이 무엇인지 알기 위해 단 한 번도 노력하지 않은 사람들이 '힘들'다고 말할 확률이 높고 실제로 그렇기 때문이다.

4

진척 없는 업무,
거꾸로 계획법으로 해결하자

쪼개기 기술을 갖추었다면 그 다음은 '거꾸로 계획법'이다. 이 방법 역시 〈실행이 답이다〉에서 배운 내용인데 매우 심플하다. 시간을 짤 때 우선 목표로 하는 날짜를 정하고 거꾸로 스케줄을 계산하는 것이다. 이 책을 집필할 때 원고 탈고 시기를 8월 둘째 주까지로 잡았다. 그때가 7월이었으므로 거꾸로 계획에 따르면 하루에 세 꼭지 이상 써야 한다는 계산이 나왔다. 무슨 일이 있어도 하루 세 꼭지를 쓰겠다고 결심을 서게 하는 것. 이것이 바로 '거꾸로 계획법'의 힘이다.

시작일보다 중요한 것은 마감일이다. 언제까지 하겠다는 마감일이 정해져야 긴장감이 생긴다. 한편 마감일을 정하는 게 중요한 이유는 일에 매몰되지 않기 위해서다. 내게 일주일의 여유가 있든 하루의 여유가 있든 일의 결과가 동일했던 경험이 있는가? 시간이 아무리 남아돌아도 막상 닥쳐야 하게 되는 묘한 심리를 알고 있을 것 같다. 빨리 처리하고 쉬면 좋다는 걸 누가 모르겠는가마는 뻔히 알면서도 엉덩이는 무겁다. 왜 그럴까? 그것은 제대로 쪼개지 않았기 때문이다. 레포트를 하나 쓰더라도 단순히 레포트 마감일만 정하고 시작하는 게 아니라 1) 자료조사 마감일, 2) 초안 작성 마감일, 3) 최종 결과물 마감일처럼 단계별로 업무를 분할하지 않으면 시간이 계속 뒤로 물러난다.

피터 드러커는 그의 저서 〈성과를 향한 도전〉에서 '사람은 어떤 일에 들어가는 시간에 대해 과소평가하는 경향이 있다'고 지적했다. 인간 심리를 파고드는 날카로운 분석이다. 시험일자를 받아놓고도 벼락치기를 하는 이유도 마찬가지다. 벼락치기 전문가였던 나는 한 번도 제대로 시험을 준비해 본 기억이 없다. 따지고 보면 공부가 중요한 이유는 바로 이런 점이 아니었을까 싶다. 주어진 시험범위를 쪼개고 시간을 적절히 배치하여 좋은 성적을 받는 연습. 공부만큼 성과를 달성하는 훈련을 할 수 있는 게 있을까? 군 생활이든 사회생활이든 공통적인 것은 '시간을 얼마나 잘 써서 효과적으로 목표를 달성하는가?' 하는 것이다. 시간과 목표의 균형을 조절할 줄 아는 자가 성과에 한 걸음 다가선다. 그래서 거꾸로 계획법은 업무를 처리하는 데 있어서 두 번째로 중요하다.

마감시간이 주는 조바심과 긴장감이 생산성을 높인다

한참 열심히 일하던 2012년 가을이다. 어느 정도 몸에 일이 익고 요령이 생기자 개선점을 찾기 시작했다. 5톤 트럭 적재함에 들어가는 물품

총량은 가격으로 따져보면 2,000만 원 초중반 정도였다. 물건들이 주로 라면과 음료임을 감안해보면 정말 엄청난 양이다. 한 트럭 가득 싣고 납품처를 돌다보면 저녁 7시를 훌쩍 넘겼는데 공교롭게도 저녁 7시 이후로는 PX에서 납품을 받지 않았다. 당연했다. 그땐 이미 PX를 이용하고자 하는 병사로 문전성시를 이루고 있기 때문이다. 팔기 바쁜 판매병에게 물건 받을 손이 없었다.

'어쩐다?'

무슨 일이 있어도 오후 7시 전에 납품을 끝내야 한다. 끼니를 걸러도 답이 없었다.

'방법을 찾아야 한다, 방법을.'

통상 하루에 납품하는 PX는 25~27곳 정도. 마른 수건 쥐어짜듯 시간을 절약해도 정해진 시간 안에 납품을 완료하기는 도저히 불가능했다. 가장 큰 문제는 물건들로 뒤엉킨 적재함이었다. 짐칸이 아수라장이 되는 이유는 따로 있었다. 군부대 진입도로는 비포장인 경우가 일상다반사였으며, 경사 진 곳도 많았기 때문에 낑낑거리며 마트에 도착해보면 적재함이 난리도 아니었다. 마치 보물찾기처럼 일일이 물건을 찾아야 납품을 완료할 수 있었다. 결국 내 시간을 아껴주는 건 적재함과의 싸움에서 승리하는 길밖에 없었다.

'힘들더라도 물품을 종류별로 적재해야겠다.'

그동안은 거쳐야 할 마트의 순서를 짜고 그 순서의 역순으로 물건을 실었다. 적재시간도 오래 걸릴뿐더러, 물건 적재할 때 테트리스를 방불케 하는 끼워 맞추기 적재방법 때문에 차가 조금만 흔들려도 화물 탑이 무너질 수밖에 없었다.

: 운명을 바꾸는 노트의 힘 :

'물품을 종류별로 적재하기 위해선 종류별 집계표가 필요하고, 그렇게 하기 위해선 엑셀을 할 줄 알아야 한다. 아니면 막내 녀석에게 부탁해 볼까?'

역시 예상대로, 나보다 입사 선배인 막내는 '절대 그럴 수 없다'며 으름장을 놓았다. 선배랍시고 텃새를 부려서 몇 번을 쥐어박고 싶었던 녀석. 설득이 필요 없다고 판단한 나는 엑셀을 할 줄 아는 사람을 수소문했고, 다행히 타업체 경력이 있던 동료기사에게 엑셀을 배웠다.

엑셀과 종류별 적재로 납품시간은 줄었다. 물론 그 방법도 완벽하진 않았다. 적재 전 사전 집계가 필요할 뿐 아니라 물건이 헝클어지는 건 비슷했으며 물건을 찾느라 차를 뱅글뱅글 돌아야 하는 번거로움도 있었다. 하지만 시간은 분명 전보다 줄었다. 거꾸로 계획법은 사람을 이런 식으로 움직이게 했다. 오후 7시 이전엔 반드시 납품을 끝내야 한다는 마감시간이 정해지면 적재방법을 바꾸고, 아침 출발시간을 당기게 한다.

만약 당신의 일이 매번 마감을 어기거나 진척이 없다면 한번 거꾸로 계획법에 따라 업무계획을 새로 설계해 보라.

마지막으로 한 가지 당부할 것은 거꾸로 계획법이 통하지 않는 일도 있다는 사실이다. 공부나 취업같이 나 혼자만의 결심과 계획으로 되는 것이 아닌 상대방의 의사가 필요한 분야는 서로의 스케줄을 조정해야 하므로 거꾸로 계획법만으로는 안 된다. 자칫 하면 독불장군이나 스토커가 될 수 있음을 기억하길 바란다.

5

당신의 스토리는
무엇인가?

　1년여를 공부해서 토목기사 1급을 땄다. 이젠 취업할 수 있다고 생각했다. 토목기사 1급 시험은 자격증 시험 중에서 난이도가 높은 편에 속한다. 군 생활 동안 굳은 머리를 부여잡고 어쨌든 취득했다는 사실 자체가 자랑스러웠다. 하지만 바로 취업될 줄 알았던 예상과는 달리 반응이 없었다.

　'왜 이러지?'

　나이 때문이란다. 경력도 군 생활 경력뿐이고, 나이가 많아 신입사원으로 뽑기에 부담스럽단다. 하긴 이해가 된다. 군대문화 못지않은 건설 현장의 위계질서에서 나이 든 신출내기는 부담스러울 수밖에 없었다. 어떻게 해야 할지 막막하기만 했었다. 바로 이것이 자격증의 한계다. 많은 사람들이 굳게 믿고 있는 자격증의 힘은 딱 이 정도까지였다. 이럴 줄 알았으면 자격증에 도전하지 않았을 텐데, 허무했다.

'스펙'에서 자격증은 중요한 요소다. 그러나 우리가 기억해야 할 것은 그것이 '어떤 일을 하기 위한 최소한의 요건'이라는 점이다. 또한 어떤 자격증이 아무리 좋다고 한들, 취득자는 쌔고 쌨다. 차별화가 어렵다. 치킨가게가 대박나면 손님도 늘지만 이웃 치킨가게도 는다. 맞은편에도, 십자로 건너편에도 생겨나는 꼴이 딱 자격증 같다. 하나의 자격증으로 안 되니까 자격증을 늘린다. 토목기사를 땄으니, 안전기사도 따고, 측량기사도 도전한다. 끝이 없다. 도대체 언제까지 수험서를 들춰봐야 할까?

스펙 만능주의는 종언을 고했다. 이젠 사람들이 많이 눈치 챘다. 스펙이 전부가 아니라는 걸 말이다. 학벌 좋은 사람, 외국어 능통자, 자격증 보유자보다 기업은 '진짜 실력 있는 사람'을 찾기 시작했다. 스펙 좋은 사람 뽑았더니 정말 스펙만 좋으면 얼마나 속이 상하겠는가?

물론 성실히 인내하며 성과를 이룬 분들을 폄하하는 것은 아니다. 다만 우리가 너무 쉽게 생각했던 것이 아닐까 싶다. 자격증을 따면 만사가 형통할 것이라는 생각. 스펙만 좋으면 다 해결될 것이라는 생각이 너무 어리석었던 게 아닐까? 편한 것만 찾는 인간의 본성 때문인 걸까? 사회에 나와 보니 생각대로 되는 것은 아무것도 없다. 절대 만만치 않다.

백수로 지낼 때 나에게 손짓하던 곳은 오직 보험회사뿐이었다. 사람들과 어울리기 좋아하는 내 성향과 간부로 군 생활을 했던 경험을 그대로 활용할 수 있는 곳. 딱 보험회사였다. 많은 선배들이 직원 발굴을 위해 적극적인 구인 활동을 하는데, 나 같은 경우 7~8곳의 보험회사에서 꾸준히 러브콜을 받았다. 전역하기 전부터 백수로 지내던 초기 몇 년간 꾸준히 제안을 했던 한 선배가 있었다. 그와의 식사 자리에서 난 그 눈빛을 읽고야 말았다.

"현수야! 이제 그만 들어와라. 더 이상 지체하면 네가 망가져. 내가 확실히 지원해줄 테니 당장 오늘부터라도 시작하자."

"선배님의 제안에 늘 감사드립니다. 그 보험회사에 취업을 하고 안 하고를 떠나 선배님이 이렇게 매번 저를 생각해주시니 든든합니다. 하지만 저는 당장 보험회사엔 가고 싶지 않습니다. 제가 잘하는 것은 사람들 앞에서 말을 하는 것입니다. 무엇인가를 가르쳐주고 도전하는 것. 그런 일을 좋아합니다. 그 능력을 보험영업에서 발휘할 수도 있으나 아직은 여력이 있으니 다른 것을 찾아보고 싶습니다."

"그래? 네가 하고 싶은 게 뭔데?"

"지금 건설업 관련하여 자격증을 취득했고, 기술사까지 도전할 생각입니다. 그러나 사실 저는 건설업 자체에 흥미를 느끼기보다 그 안에서 내가 발표도 하고 제안도 하는 전문 프리젠터에 매력을 느끼고 있습니다. 프로젝트를 관리하고 입찰제안도 하고 직원교육도 하는 그런 사람이 되고 싶습니다."

내 대답에 말문이 막힌 선배의 표정을 잊을 수가 없다. '네가 아직 고생을 덜 했구나' 하는 한심해하는 얼굴. 사실 나라도 그랬을 것 같다. 뭐가 되었든 일단은 생활이 되어야 할 텐데 헛된 꿈이나 꾸고 있는 후배. '전문 프리젠터'라니, 어디서 듣도 보도 못한 걸 하겠다고? 내가 선배였더라도 반응은 똑같았으리라. 그날 이후 그 선배는 연락이 닿지 않고 있다.

：운명을 바꾸는 노트의 힘：

스펙을 대신 할 수 있는 것은 없을까? 무엇이 그 이상의 힘을 가지고 있냐고 물어본다면 내 대답은 스토리(story)다. 여기까지는 많이 들어봤을 것이다. 스펙 대신 스토리를 가지라는 말은 오래 전부터 회자된 말이다. 그럼 어떻게 스토리를 만드느냐? 방법을 알려주는 사람이 있었는가? 5장에서 살펴볼 것이다. 학원을 다닐 필요도 없고, 과외를 받을 필요도 없다. 대신 이것만 명심하자.

기적은 멀리 있는 것이 아니다.

지루하고 평범해 보이는 그 일상이 얼마든지 기적이 될 수 있다. 대부분의 남자들이 꿈에 나올까 무서워하는 군대생활도 스토리로 만들 수 있다. 나의 첫 책 〈땡큐솔져〉가 이를 증명한다. 그 스토리는 나 외에는 아무도 따라 할 수 없다. 타인에게는 그저 한 권의 책일지 모르지만 내게는 엄청난 힘을 지닌 개성적 잠재력의 산실이다. 모든 편집은 스토리를 향한다. 당신이 하는 모든 업무는 스토리를 완성하는 데서 그 목적을 찾게 된다. 업무의 완성은 스토리다.

6
자기계발의 완성, 전달하라

고려청자가 후대에 전수되지 못한 이유는 당시 도자기 기술자를 천시했던 문화 때문이다. 기술을 물려주는 것은 푸대접받던 신분까지 물려주는 일이었다. 한편 원나라는 고려청자를 너무나 탐내 도공을 강제로 데려갔는데 그런 복합적인 이유로 고려청자를 만드는 기술은 한반도에서 흔적도 없이 사라지고 말았다.

무엇인가를 개발한다는 것은 절대 쉬운 일이 아니다. 세상에 존재하지 않던 것을 새로 편집(=창조)할 때는 제작자가 자신의 영혼을 바쳐야 하기 때문이다. 책을 쓰는 것도 그 중 하나. 그래서 마땅히 보호받고 대우받아야 할 가치가 있다.

자신의 업무에 대한 태도를 편집하고, 쪼개며, 실행하는 능력을 갖추었다면 아마 그 방법은 관행에 젖어 어제와 같은 오늘을 보내고 있는 사람에게 훌륭한 노하우가 되었을 것이다. 더욱이 여기에 스토리의 옷을 입혔다면 당신은 이제 전달해야 한다. 이제부터가 진짜다. 왜냐하면 전달은 혼자만 잘하면 되는 것이 아니라 공감을 끌어내야 하기 때문이다. 사람들이 무엇을 원하는지 파악할 수 있는 능력이 필요할뿐더러 불가피하게 발생하는 저항의 거센 파도를 뚫고 나아야 하기 때문이다. 그럼에도 전달에 힘을 써야 한다. 전달이 사명을 달성하는 유일한 길이기 때문이다. 당신의 자기계발은 그러므로 사명에서 시작하여 다시 사명의 완수로 한 바퀴 순환한다. 그리고 이 순환곡선은 엄밀히 말해 나선형 계단을 이룬다. 1층에서 출발한 당신은 한 바퀴 도는 동안 2층에 도달해 있다. 당신을 3층으로 올려줄 원동력이 있다면 그게 전달이다. 전달을 통해 노하우를 공유하고 알려라. 내가 달성한 작은 성취에 머무르려고 하면 당신은 2층에서 멈추게 된다. 3층으로 도전하기 위한 출사표가 전달임을 잊지 말자. 작은 계단을 넘어서는 연습을 통해 우리는 더 높은 곳으로 나아간다.

고무자석을 이용한 가격표도 그랬지만 나 역시 참 많은 도전을 했다. 실현가능하고 지속가능한 방법을 찾기 위해 현장에 있는 판매병들과 동고동락하면서 부단히 길을 찾았다. 좋은 글귀 읽으며 공상한 게 아니라 현장에서 찾아낸 방법이었기 때문에 자부심이 컸다. 트럭기사를 할 때도 그랬다. 당시 내가 개발했던 주류관리대장을 아직도 그 회사에서 쓰고 있다. 어쩌면 사소한 변화지만 우리 주위에는 그 사소한 변화조차 거부하고 있는 사람들이 훨씬 많다.

지금까지 집필하면서 참 많은 이야기를 나누었다. 그 중에는 너무 이상적이어서 손에 잡히지 않을 듯 싶은 것도 있고, 그래서 화가 난 독자도 있을 것이다. 자기계발의 구조를 발견했다고 하면서 관계와 학습과 업무에 대해 말했다. 사명을 가지라고 했고, 각각에 대해 열심히 편집하라고 했다. 나이도 별로 많지 않은 것 같고 경제적으로 대단히 성공한 것 같지도 않은데 이런 식으로 말하는 게 건방져 보일 수 있다. 거대한 파도처럼 밀려오는 인공지능 시대에서 생존에 성공할 수 있는 방법이 있다고 당돌히 외치는 모습이 허풍으로 보일 수도 있겠다. 그래서 이제 또 미치려고 한다. 그동안 국군복지단에서 미친놈 소리를 들으며 성장해왔다면 이번에는 세상에서 미친놈 소리를 들을 때가 왔다.

5장에서 시작한다. '세계 최초 행복을 훈련하는 노트' 땡큐노트를 공개한다. 군인이 엘리트임을 증명하려던 중에 다듬어진 게 '땡큐노트'다. 그런데 놀라운 사실은 이 노트법이 군인뿐 아니라 모든 사람에게 활용 가치가 있다는 점이다. 혹시나 싶어 열심히 전달해봤다. 가까운 지인부터 공식적인 강연회에서도 다 오픈했다. 뜨거운 반응이었다. 조금 과장해서 말하면 마치 실수로 개발된 포스트 잇 같다고 할까? 우연이라고 하기엔 너무나 필연적인 개발과정을 거쳤기 때문에 확신이 든다. 많은 사람들이 이 노트를 쓰면서 기쁨을 누리길 바란다. 자기계발의 사다리를 통해 지금 이 순간 행복을 누리기를 바란다. 이제부터는 나의 주장이 어떻게 한 장의 종이 안에 담기는지, 이 간단한 노트를 통해서 어떻게 나의 삶을 심플하게 정리하고 하루를 관리할 수 있는지 살펴보자. 이제 시작한다.

： 운명을 바꾸는 노트의 힘 ：

· 5장 ·

자기성장을 위한
하루 관리 노트
시작하기

1

나의 하루가 계획에 맞게
쓰이고 있는지 관리할 수 있는 노트

"이 노트를 쓰면 나를 바라볼 수 있어요."

땡큐노트 애용자 가운데 한 분이 내게 들려준 이야기다. 그렇다, 땡큐
노트를 한마디로 표현하라면 '관찰자 노트'라고 말하고 싶다. 알려주는
대로 착실히 쓰다보면 자기 자신을 객관적으로 볼 수 있다. 단순하게는
내가 하루 24시간을 어떻게 쓰는지 분석할 수 있고 더 깊게는 내가 어
떤 일에 가치를 두고 살아가는지 살펴볼 수 있다. 인간관계를 잘 관리
하는지, 업무는 효율적인지 성과를 높이고 있는지, 학습은 제대로 이
루어지는지 계획대로 잘 성장하고 있는지 자기성장의 총체적인 모습을
볼 수 있다.

아마 이런 이유 때문인 것 같다. 땡큐노트 사용자들은 어지간해서 자
신의 노트를 보여주지 않는다. 자신의 모습이 고스란히 반영되어 있다

보니 절대 보여주기 싫단다. 이해한다. 내가 땡큐노트를 지도하면서 가장 당황하는 부분이기도 하다. 안 보여주니까 잘 쓰는지 파악하기 어렵다. 어쨌든 그건 내 몫이고, 감춰도 좋으니 자기성장에 도움이 되기를 바랄 뿐이다.

땡큐노트가 거울과 같은 역할을 한다는 사실을 알게 된 뒤로 나는 이 노트를 묶은 바인더를 아이왓쳐(iwatcher)라는 새로운 별칭으로 부르곤 한다. 그냥 바인더라고 부르기에는 왠지 고리타분하게 느껴졌기 때문이다. 반면 아이왓쳐는 관찰자를 의미하는 'watcher'에 'i'를 붙여 '나를 바라보는 관찰자'의 뜻을 담고 있다. 지구상에 스스로 돌아보고 성찰하는 존재는 오직 인간뿐이다. 자신을 객관적으로 바라보는 것이 모든 자기계발의 시발점이라고 생각했다.

또한 'i'라는 단어는 편집, 융합의 주체가 누구인지 내포하고 있다. 주변에 넘쳐나는 자기계발 요소들을 3가지로 심플하게 정리하여 나를 성장시키는 발판으로 삼는다. 하루의 끝에서, 혹은 일상의 중간 중간 노트를 꺼내 보면서 오늘의 활동을 버드뷰(bird's eye view)로 점검하며 '내가 가는 이 길이 맞는지' 체크하면 좋겠다.

땡큐노트는 나의 꿈(사명)에서 출발하여 주간 플래너까지 담고 있다. 나의 꿈을 정한 뒤 매일매일의 실천 계획을 구체적으로 수립하고 체크할 수 있을 때 진짜 플래너가 된다. 땡큐노트의 전체 구성에 대해서 살펴보자.

2
자기성장 노트의
첫 머리

| **첫 페이지** |

다음은 땡큐노트의 첫 페이지다. 밀리터리 버전과 일반인 버전, 학생 버전 세 가지로 나뉘어 있다. 내가 제일 먼저 고안한 것은 밀리터리 버전. 군장교 출신인데다 군인들의 자기계발에 관심이 많았기 때문이다. 사회에서 바라본 군대는 뭔가 뒤처지고 융통성 없고 부정적인 느낌이 크다. 경쟁적이며 발달된 일반 사회와 달리 고리타분한 폐쇄성을 가진 이미지가 싫었다. 의외인 것은 여성이나 군대와 무관한 일반인 중에 밀리터리 디자인을 더 선호하는 분들이 있다는 점. 아마도 자기계발의 투쟁적 이미지가 각오를 다지는 데 도움이 되는 것 같다.

참고로 6장 뒤에 땡큐노트를 실제 크기에 가깝게 실었다. 본문에서 보기 어려운 분은 뒤쪽을 참고하면 좋겠다.

밀리터리 버전　　　　일반인 버전　　　　학생/어린이 버전

| 독서목록표 |

표지에 이어서 나오는 독서목록표다. 도서명, 저자, 출판사, 핵심단어, 주제, 날짜를 적을 수 있는 공간이 제공된다. 총 58권까지 표시할 수 있으며, 같은 양식을 한 세트 추가하여 116권까지 작성할 수 있다. 58개의 줄로 나눈 데에는 1년에 최대 100권 이상의 책을 읽자는 의도가 담겨 있다. 빌 게이츠가 1년에 50권의 책을 읽는다는데 내 생각엔 그가 독서 권수를 일부러 줄였다는 느낌이 든다. 절대 50권만 읽을 사람이 아니라는 생각이다.

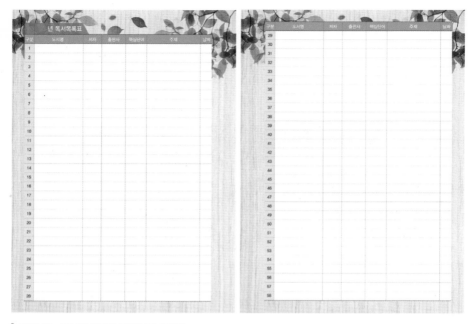

년 독서목록표

구분	도서명	저자	출판사	핵심단어	주제	날짜
1						
2						
3						
4						
5						
6						
7						
8						
9						
10						
11						
12						
13						
14						
15						
16						
17						
18						
19						
20						
21						
22						
23						
24						
25						
26						
27						
28						

구분	도서명	저자	출판사	핵심단어	주제	날짜
29						
30						
31						
32						
33						
34						
35						
36						
37						
38						
39						
40						
41						
42						
43						
44						
45						
46						
47						
48						
49						
50						
51						
52						
53						
54						
55						
56						
57						
58						

▌ 1년에 58~116권을 읽도록 설계한 독서목록표

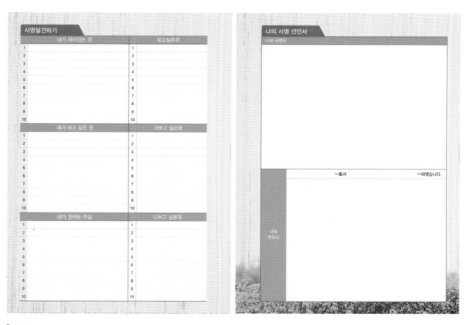

▌ 사명 발견하기, 사명 선언서, 추도사를 적는다.

| 사명 쓰기 |

그 다음엔 사명 작성을 위한 버킷리스트 양식과 사명, 나의 추도사를 쓰는 공간을 마련했다. 나의 사명을 찾는 공식은 앞서 설명한 내용을 참고하자. '사명 쓰기'에서 정말 중요한 것은 매년 쓰는 것이다. 매년 작성하면서 스스로 성장하고 있는 것을 경험하기 바란다. 내가 커지면 꿈도 같이 커지는 게 정상이다.

3
연령별 5가지 인생 프로젝트 수립하기

사명을 찾았다면 이제부터는 초점을 좁혀야 한다. 각자의 꿈을 이루기 위한 현실적인 계획을 세워야 하기 때문이다. 그래서 코카콜라 전 회장 더글라스 테프트의 인생 분류 카테고리를 빌려왔다. 그는 '인생은 다섯 개의 공을 저글링하는 것과 같다.'고 말한다. 그 다섯 개의 공은 일, 가족, 친구, 건강, 영혼(나)이다. 일이라는 공만 고무로 되어 있을 뿐 나머지 공은 유리로 되어 있다고 하는데 그 말인즉 일은 실패해도 다시 튀어 오르기 때문에 기회가 있지만 나머지 공들은 한 번 놓치면 깨져 버리므로 조심하지 않으면 안 된다는 뜻이다. 그 다섯 개의 카테고리를 연령별로 나누어 '인생프로젝트'를 작성하는데 간단한 키워드 위주로 적는다. 자세히 쓸 필요가 없는 이유는 30년 이상의 장기계획을 작성할 때는 같은 말이 반복되는 경험을 했기 때문이다. 오히려 연간계획과 월

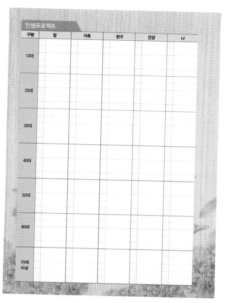

구분	일	가족	친구	건강	나
10대					
20대					
30대					
40대					
50대					
60대					
70세 이상					

5개의 카테고리를 연령별로 작성하는 인생 프로젝트

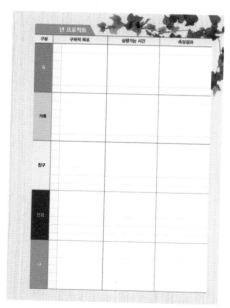

구분	구체적 목표	실행가능 시간	측정결과
일			
가족			
친구			
건강			
나			

연간 계획을 적는 연간 프로젝트

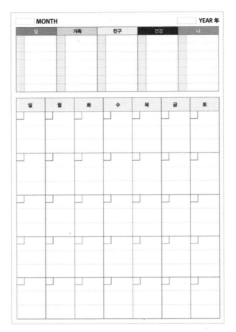

월간 계획을 적는 월간 프로젝트

간계획 작성에 집중해야 한다. 이때부터 정말 구체화되기 때문이다.

만약 여기까지 작성이 끝났다면 당신은 모든 준비를 마쳤다고 할 수 있다. 이륙 준비를 마친 비행기랑 같다. 이제 힘차게 이륙하자. 매일매일 성장하기 위하여.

: 운명을 바꾸는 노트의 힘 :

4

자기성장 노트의 핵심,
위클리 프로젝트

사명에서 시작해서 인생 프로젝트, 연간계획, 월간계획을 거쳐 이제 주간 계획으로 넘어왔다. 126~127쪽 그림이 땡큐노트에서 가장 핵심이자 기본이 되는 1주간 계획표, 즉 위클리 프로젝트(weekly project)다.

플래너의 애용자가 아니라면 그냥 평범한 플래너처럼 보일 수도 있겠다. 그런데 다르다. 땡큐노트에는 별도의 1일 메모양식이 없다. 그림처럼 펼쳐져 있는 2페이지로 1주일을 관리하기 때문에 위에서 내려다보는 게 가능하며, 직관적 아이콘을 활용하기 때문에 간편하게 메모할 수 있으며, 모눈으로 되어 있기 때문에 사용자의 특성에 맞게 변형이 가능하다. 자세한 설명은 차차 하기로 하자.

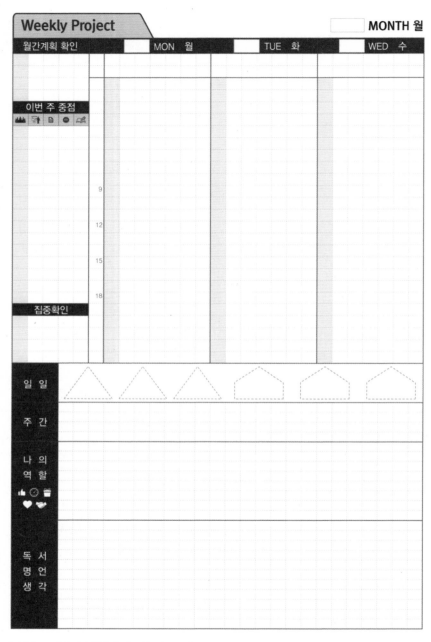

Weekly Project							MONTH 월
월간계획 확인			MON 월		TUE 화		WED 수

이번 주 중점

9
12
15
18

집중확인

일 일

주 간

나 의
역 할

독 서
명 언
생 각

▍땡큐노트에서 가장 핵심이 되는 위클리 프로젝트

: 운명을 바꾸는 노트의 힘 :

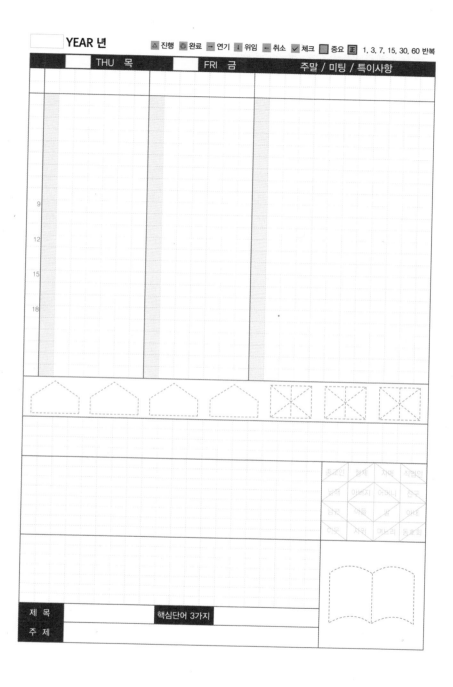

YEAR 년

△ 진행 ⊙ 완료 → 연기 ↓ 위임 ← 취소 ✓ 체크 ■ 중요 正 1, 3, 7, 15, 30, 60 반복

THU 목	FRI 금	주말 / 미팅 / 특이사항

9
12
15
18

제 목   핵심단어 3가지
주 제

주말 / 미팅 / 특이사항	

▌주말에 일을 하는 직업이라면 모눈 위에 선을 그어 토요일과 일요일용 칸을 만들어 쓰면 된다.

또 하나의 두드러진 특징이 있다면 그것은 토요일과 일요일 메모 칸이 없다는 점. 주말에는 쉬라고 없애버렸다. 그것도 아주 푹 쉬라고. 통상 월요일부터 일요일까지 모두 표시된 주간 양식은 플래너 작성자에게 죄책감을 심어준다. 주말에 쉬다 보면 플래너 작성을 미룰 때가 흔하다. 월요일 아침에 플래너를 펴는 순간 뭔가 모를 부담감과 죄책감이 밀려온다. 성격이 꼼꼼하고 체계적인 사람일수록 더 그렇다. 텅텅 비어 있는 주말 메모난을 보면서 '주말을 방탕하게 산 게 아닌가?' 하는 자괴감에 빠진다.

왜 플래너를 쓰면서 불필요한 감정에 휩쓸리는가? 사실 별 일이 없을 수도 있고, 사람이 기계도 아니고 하루도 쉬지 않는 건 무리라고 생각한다. 주말엔 좀 쉬어야 한다. 푹 쉬어야 머리도 잘 돌아가고 다음 일주일을 활기차게 살 수 있는 에너지를 회복할 수 있다.

그럼에도 주말에 일이 있을 수도 있다. 혹은 주말에 사람을 만날 수도 있다. 가족 모임도 얼마든지 있다. 이럴 때를 대비하여 따로 빈 칸을 마련했다. 그게 우측 끝에 있는 '주말/미팅/특이사항'이다. 일이든 약속이든 뭔가 스케줄이 있다면 다음 그림과 같이 반을 그어서 토요일과 일요일로 나누어 쓰면 된다. 이 노트는 플렉서블하다.

5

두 가지 시간 관리법 : 크로노스와 카이로스

크로노스와 카이로스는 시간을 설명할 때 자주 나오는 단어다. 물리적인 시간과 흐름은 크로노스, 인상적인 순간이나 기회를 카이로스라고 부르는데 이 두 개념이 중요한 이유는 나의 하루를 입체적으로 조망할 수 있기 때문이다. 시중에 나와 있는 플래너는 흰 종이에 가로줄만쳐 있는 것부터 시간이 일일이 인쇄되어 있는 것까지 다양하다. 딱히 '어느 플래너가 좋다'라고 단정 지을 수 없었던 것은 그때마다 쓰게 되는 상황이 달랐기 때문이다. 시간 순으로 써야 할 것과 업무별로 써야 하는 상황이 늘 공존하는 데 반해 플래너는 고정되어 있다 보니 매번 난감에 부딪친다. 또한 너무 시간 순서대로만 쓰고 세세히 기록하면 뭔가 구속되는 느낌을 지울 수 없었고 반대로 시간 제약이 없는 플래너는 체계가 없어 보이는 문제도 존재한다.

땡큐노트는 이 문제를 간단히 해결한다. 시간 순서대로 쓸 수도 있고, 프로젝트 순서대로 쓸 수도 있고, 혹은 카테고리 별로 구분해서 쓸 수도 있다. 이처럼 사용자의 필요에 따라 변형이 가능한 이유는 모눈 때문이다. 모눈은 한마디로 위대했다. 완전한 백지는 자유도를 높이는 대신 동시에 두려움도 안겨준다. 가이드라인이 없기 때문에 체계성을 갖추기 어렵고, 심지어 손을 대기가 어려워진다. '더럽히지 말라'고 말하는 것 같다. 하지만 모눈은 다르다. 기꺼이 기준을 제시해준다. 희미하게 인쇄된 선을 따라 쓰다보면 내 뜻에 맞게 쓸 수 있을 뿐 아니라 깔끔히 정리됨을 느낀다. 그 덕분인지 모르겠다. 모눈을 쓰다보면 오히려 아이디어가 폭발하는 경험을 자주 한다. 편안하기 때문이다. 모눈은 무한한 잠재의식의 저장소 같다는 생각마저 든다. 마치 보물이 숨겨져 있는 곳을 표시해 주는 보물지도와 같다.

시간 순으로 사용하기

땡큐노트의 모눈은 세로로 총 24칸이다. 0부터 23까지 순서대로 써넣으면 시간 순대로 일정을 관리할 수 있다. 다분히 크로노스적인 관리다.

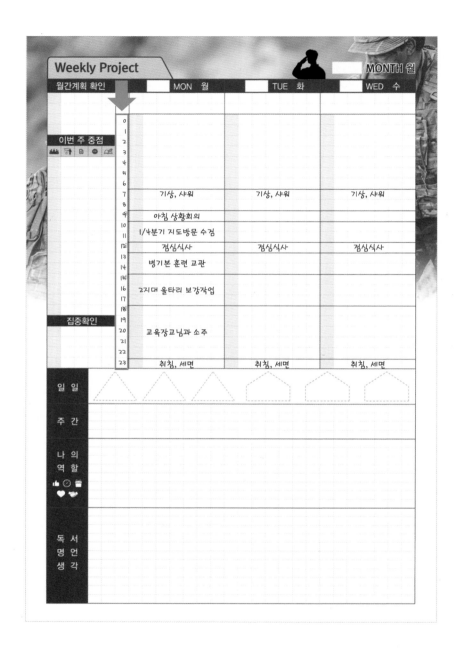

Weekly Project

MONTH 월

월간계획 확인		MON 월	TUE 화	WED 수

이번 주 중점

집중확인

0	
1	
2	
3	
4	
5	
6	
7	기상, 샤워 / 기상, 샤워 / 기상, 샤워
8	
9	아침 상황회의
10	
11	1/4분기 지도방문 수검
12	점심식사 / 점심식사 / 점심식사
13	
14	병기본 훈련 교관
15	
16	2지대 울타리 보강작업
17	
18	
19	
20	교육장교님과 소주
21	
22	
23	취침, 세면 / 취침, 세면 / 취침, 세면

일 일

주 간

나 의 역 할

독 서 명 언 생 각

| 업무별로 사용하기 |

반대로 다음 그림처럼 업무별로 구분하여 작성할 수도 있다. 군대업무
를 예로 들었는데 인사, 재정, 개인으로 카테고리를 나누어 봤다.

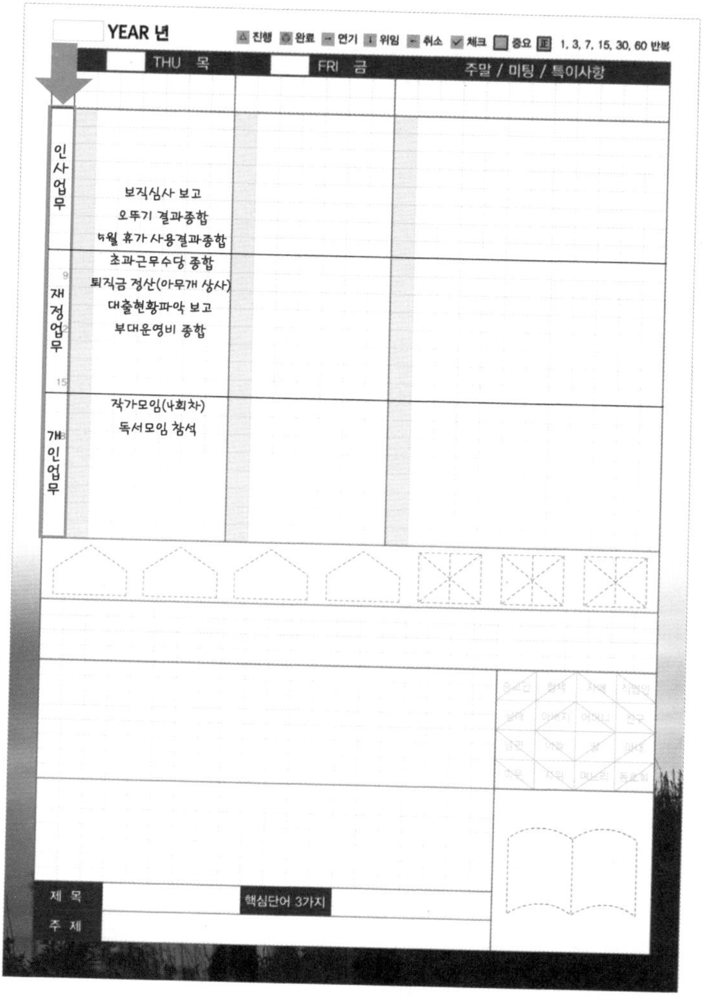

YEAR 년		진행 완료 연기 위임 취소 체크 중요 1, 3, 7, 15, 30, 60 반복
THU 목	FRI 금	주말 / 미팅 / 특이사항
인사업무	보직심사 보고 오뚜기 결과종합 버월 휴가 사용결과종합	
재정업무	초과근무수당 종합 퇴직금 정산(아무개 상사) 대출현황파악 보고 부대운영비 종합	
개인업무	작가모임(4회차) 독서모임 참석	
제 목	핵심단어 3가지	
주 제		

133

이렇듯 모눈은 다양한 변화를 받아들인다. 사용자가 어떻게 쓰든 변형이 가능하다. 자세히 보면 작은 글씨로 '9, 12, 15, 18'이라고 표시되어 있는데 이는 사용자들의 의견을 적극 반영한 결과다. 직장에서 일할 때는 시간 순서대로 쓰고 싶고, 나머지 시간은 자유롭게 쓰고 싶다는 의견이 많았다. 이건 거의 만능이다.

│ 처음은 시간 순서대로 쓰고 익숙해지면 업무별로 │

시간 순서대로만 쓰는 플래너는 '기상, 세면'처럼 규칙적인 일상에 대해서 반복적으로 작성해야 한다. 매일 되풀이해야 한다는 게 압박감으로 다가온다. 물론 안 써도 그만이지만 뭔가 찝찝하다. 이런 이유로 시간 순서대로 플래너를 작성하는 걸 비창조적 노동이라고 느끼게 된다. 하지만 오해는 하지 마시라. 아이러니하게도 반드시 크로노스적인 시간 기록을 해야 할 필요가 있다. 가장 큰 이유는 내가 시간을 어떻게 쓰는지 확인하면서 의외로 하루가 짧다는 것을 체감적으로 느껴야 하기 때문이다.

사람은 내 눈으로 보기 전까지 믿지 못하는 경향이 강해서 반드시 내가 하루를 어떻게 썼는지 기록을 통해 확인해야 한다. 땡큐노트를 지도할 때 반드시 강조하는 것은 '묻지도 따지지도 말고 무조건 한 달간 시간 순대로 기록하라'는 것이다. 그래야 내 시간에 대한 분석과 성찰이 가능하기 때문이고, 그 감각을 익혀야 다음 단계, 즉 진정한 카이로스적 시간을 누릴 수 있기 때문이다.

종이는 평면이라는 2차원 공간이다. 하지만 내 손으로 작성하는 순간 그 한계를 벗어난다. 마치 펼치면 쑥 올라오는 플랩북처럼 3차원적인 효과를 누릴 수도 있고, 시간의 구속을 벗어나 4차원적 기록을 할 수도 있다. 카이로스적인 기록이 차원을 넘나들며 종이를 살아 있게 만든다. 시간이 과거에서 현재로 흐른다는 통상적인 개념을 버리고 도리어 미래에서 흘러온다고 생각해 본 적 있는가? 아니면 과거 미래 현재가 동시에 존재한다는 생각은? 양자물리학을 배운 사람을 통해 들었던 개념이고 흥미로웠다. 시간에 종속되어 살기 때문에 통상적으로 생각해온 고정관념에서 벗어나 본 것이다. 마치 지구가 둥글다는 사실을 절대 받아들일 수 없었던 그 사람들처럼 우리도 고정관념에 갇혀 있을지 모른다.

또한 반대로, 땡큐노트는 복잡한 현실을 2차원의 심플한 방식으로 탈바꿈시킬 수도 있다. '선'을 사용하기 때문이다. 한마디로 땡큐노트는 엉클어지기 쉬운 우리의 일상을 심플하게 만드는 데도 도움이 되며 시간에 대한 다른 개념을 갖고 하루를 살아가도록 돕기도 한다. 그런 점에서 땡큐노트는 차원의 구속에서 벗어나는 노트이자 시간과 차원을 편집하는 노트다. 핵심은 이거다. 크로노스와 카이로스 가운데 무엇이 더 중요하고 덜 중요한 것이 아니라 이를 정확히 쓸 수 있어야 자유를 얻을 수 있다는 것. 마치 디지털과 아날로그를 넘나드는 '디지로그'처럼 말이다. 땡큐노트는 의외로 많은 고민이 들어가 있는 노트다.

· 6장 ·

직관적인 툴로 가득한
위클리 프로젝트
사용설명서

1
그 달에 할 일,
잘게 쪼개서 배치하기

이제부터는 구체적인 사용법을 알아보자.

| 날짜는 직접 쓰자 |

땡큐노트는 연도나 월, 날짜를 넣는 모든 곳은 공란으로 처리했다. 그래서 사용자가 숫자를 직접 써 넣어야 하는 번거로움이 있다. 그러나 날짜를 인쇄할 경우 그 시기가 지나면 폐기 처분해야 한다. 아깝기도 하지만 이것 역시 죄책감을 안겨준다. '내가 그렇지 뭐. 뭐든 좀 꾸준히 할 수 없나?' 아! 안 된다. 종이 좀 버리게 되었다고 자책한다면 아예 안 쓰는 게 낫다. 작심삼일은 누구나 겪는 자연스러운 현상이다. 왜 죄책

⋮ 운명을 바꾸는 노트의 힘 ⋮

감을 갖는가? 그래서 비웠다. 땡큐노트를 쓰다가 중간에 못쓰게 되면 그냥 둬라. 언젠가 다시 쓸 날이 왔을 때 마치 어제 썼던 것처럼 이어서 쓰면 된다. 이것도 정확히 말하면 '편집'이다.

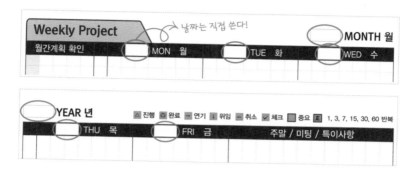

| 왼쪽 상단 : 월간계획 옮겨 적기 |

왼쪽 위에 보면 '월간계획 확인' 칸이 있다. 월간계획에서 작성한 것을 여기 적는다. 사전에 계획했던 목표들이다. 월간계획이 작성되어 있으려면 연간계획이 있어야 한다. 다시 말하면 사명부터 시작된 생각이 연간을 거쳐 월간으로 자연스럽게 내려와야 한다. 모든 계획은 내 사명을 향해 한 방향을 바라봐야 한다. 그러면 자연스럽게 계획한 대로 일을 진행할 수 있다. 예시처럼 월간계획은 갑작스레 갑자기 생긴 일이 아니

다. 연간계획을 수립할 때 파악할 수 있는 일들이고 얼마든지 미리 준비할 수 있다. 앞서 배웠던 거꾸로 계획법(역산 스케줄링)을 적용하면 쉽게 처리할 수 있다.

| 이번 주 중점 적기 |

월간계획을 확인하여 금주에 처리할 일은 '이번 주 중점' 칸에 적는다. '이번 주 중점'은 '월간계획 확인' 바로 아래 있다.

그런 뒤 각 요일에 배치시킨다. 날짜 바로 밑에는 모눈 2개 폭으로 가로 구분선이 그어 있는데, 그곳에 그날의 중점 업무나 꼭 기억해야 할 것들을 적어 넣는다.

: 운명을 바꾸는 노트의 힘 :

참고로 '이번 주 중점'에는 월별계획 목표 외에도 우발적으로 발생한 업무를 적어서 관리한다. 예컨대 회의를 통해 도출된 업무나 상급자의 지시사항, 혹은 내가 지시한 사항 등을 작성한다. 사전에 계획하지는 않았지만 이번 주에 처리할 사항들을 적는다.

혹은 다음 그림처럼 다시 한 번 더 확인할 사항을 적고 중요한 사안이라면 네모 테두리로 표시하여 시각화한다. 맨 위에 있는 다섯 가지 아이콘은 우리가 해야 하는 업무들의 종류를 표시한 것이다. 왼쪽부터 회의, 기획, 보고, 관리, 학습을 나타낸 이미지인데 우리가 하는 일이 아무리 복잡하고 많더라도 모든 업무는 이 범위를 벗어나지 않는다. 이 아이콘을 참고하여 업무를 쪼개보면 도움이 된다. 참고로 이 5가지 아이콘은 심테크(씽크와이즈)사에서 받은 교육을 통해 알게 된 내용이다. 정말 대단한 발견이라 생각한다.

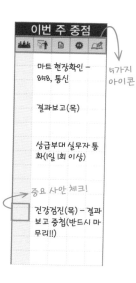

'이번 주 중점' 아래에 있는 '집중 확인'은 미리 계획한 업무든, 우발 업무든 더 세세히 관리해야 할 업무를 적는 공간이다. 예시처럼 어머니 생신을 준비하기 위해서 ① 식당 예약, ② 친지분 연락, ③ 간단한 선물을 준비해야 한다고 판단했다. 하나씩 체크하면서 진행하면 된다. 쪼개 기다.

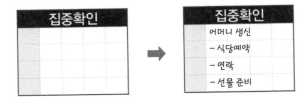

이와 같이 왼쪽에 있는 1) 월간 계획 확인, 2) 이번 주 중점, 3) 집중 확인 세 항목만 관리해도 어지간해서 업무를 놓치는 법이 없다. 한 번 적어놓으면 일주일 내내 체크를 하게 되고 업무속도도 빨라진다. 살아 가면서 모든 게 사전에 계획된 것들로만 이루어지지 않기 때문에 계획을 세울 때는 항상 여유 있게 세워야 한다. 예비시간을 반드시 만들어야 하고 계획이 취소되었을 때를 대비하여 다른 업무를 할 수 있도록 미리 준비해야 한다. 이런 식으로 일주일을 관리하면 안정적인 느낌을 받는다.

피드백 기호를 붙여라

모눈에 회색 그림자를 넣은 게 있다. 각 항목과 요일의 맨 앞에 배치된 모눈이다. 이는 피드백 기호를 표시하는 공간으로 '진행, 완료, 연기, 위임, 취소, 중요, 체크' 등을 표시할 수 있다('체크' 기호는 나에게 굉장히 의미 있었던 일이나 꼭 기억해야 하는 일 따위를 표시하는 기호다.). 이런 식으로 피드백 기호는 일의 상태를 알려준다. 그래서 훌륭한 비서다. 종이와 연필로 비서를 고용할 수 있다는 것이 얼마나 경제적인가!

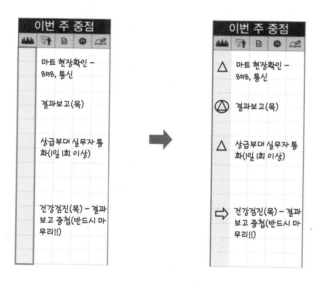

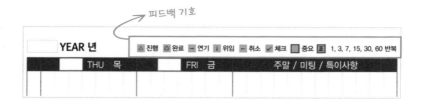

피드백 기호

		YEAR 년		△ 진행 ◎ 완료 ━ 연기 ⅰ 위임 ━ 취소 ✓ 체크 ■ 중요 Ε 1, 3, 7, 15, 30, 60 반복
		THU 목	FRI 금	주말 / 미팅 / 특이사항

오른쪽 상단에 피드백 기호를 적어놓았다. 이는 일종의 가이드라인을 제시한 것일 뿐 사용자가 자유롭게 변형해서 사용해도 무방하다(한편 오른쪽 끝에 있는 '바를 정' 자 기호는 학습과 관련된 기호인데 '1일 후, 3일 후, 7일 후' 반복해서 학습한 횟수를 표시하면서 쓰도록 고안했다. 다만 이 아이콘은 주로 학습법과 관련된 내용으로 다른 책에서 자세히 설명할 기회가 있을 것 같다. 여기 서는 통과.).

: 운명을 바꾸는 노트의 힘 :

2

삼각형과 오각형, 사각형을 활용하여 루틴 업무 관리하기

위클리 프로젝트의 중간에 보면 삼각형, 오각형, 사각형이 그려져 있다. 이건 무엇에 쓰는 도형일까?

4장에서 우리는 쪼개기 기술을 습득했다. 모든 업무는 더 이상 쪼갤 수 없을 때까지 쪼갠다. 이와 같이 잘게 나눈 업무를 관리하는 툴이 도형이다. 이 방법은 매우 직관적이고 흥미롭다.

아무리 창의적인 사람이더라도 모든 순간을 에디슨처럼 쓸 수 없다. 설령 에디슨이더라도 말이다. 종일토록 일을 붙잡고 있거나 공부에 매달린다고 해서 창의적인 생각이 떠오르는 것도 아니다. 우리가 하는 모든 일에는 물론 창의력이 필요하다. 그러나 대부분의 업무는 단순하고 반복적이다. 그런 일들이 창의적인 사고에 얼마나 큰 해를 끼치는지 모른다. 만일 단순하고 반복적인 일에서 벗어날 수 있다면 창의적인 업무

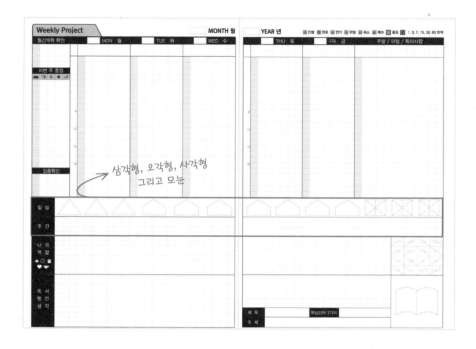

를 하는 데 시간을 더 투자할 수 있게 된다. 어떻게 해야 할까? 어떻게
해야 벗어날 수 있을까?

| 주 3~5일 업무 |

가장 먼저 해야 할 일은 단순하고 반복적인 일이 무엇인지 식별부터 해
야 한다. 내가 하고 있는 모든 업무를 적어보고 거기서 단순반복 업무
를 골라낸 후 이게 주 3일 업무인지, 주 5일 업무인지, 7일 업무인지를
가려낸다. 그 다음엔 다음과 같이 각 도형에 표시한다.

: 운명을 바꾸는 노트의 힘 :

결론부터 말하면 위와 같이 표시하면서 달성 여부를 체크한다. 각 도형에는 단순 반복 업무를 간략히 적은 키워드가 기록되어 있고, 각 도형마다 다르게 테두리 라인이 덧입혀져 있다. 어떤 의미인지 대충 감이 오지 않는가?

삼각형은 '주 3일 업무'를 의미한다. 월수금 혹은 화목토 아니면 월목금 혹은 화수일 등 주 3일에 해당하는 날은 각자 필요에 따라 정한다. 나는 요즘 유튜브 촬영을 위해 대본을 작성하고 연습한다. 연습은 화목토에 하려고 했으나 실제 화요일과 토요일만 했다. 촬영은 월수금에 하려고 했는데 금요일 밖에 못했으며, 다행히 창고정리는 월수금 계획대로 모두 달성했다.

마찬가지로 오각형은 주 5일 업무를 의미한다. 오각형의 요일별 표시는 아래와 같이 한다.

| (월) | (화) | (수) | (목) | (금) |

자, 그럼 위의 표시들을 해석할 수 있을 것 같다. '걷기운동'은 화요일 빼고 다 했다. 걷기운동이 업무일 수는 없으나 꼭 업무만 적으라는 법은 없다. 필요하면 적고 체크하면 된다. 집필은 화목 밖에 못했다. 딸에

게 책을 매일 읽어주기로 했으나 월금 밖에 못했다. 어이쿠, 마트 회전율 체크는 금요일 밖에 못했으니, 다음 주에는 확실히 체크해야겠다. 도형 안에 자기의 반복적이고 고정된 업무를 간략한 키워드로 넣고 매일매일 체크하며 계획의 달성 여부를 도형으로 확인할 수 있다.

마지막으로 사각형이다. 이것은 매일 해야 하는 일을 표시한다.

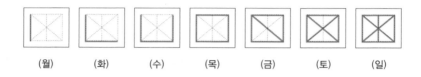

| (월) | (화) | (수) | (목) | (금) | (토) | (일) |

표시 순서는 편한 대로 사용해도 무방하다. 테두리 선 긋기 순서를 알고 나면 위의 예시가 해석된다. 간단하지 않은가?

도형은 일일업무를 반복횟수에 따라 표시하면서 시각화할 수 있는 툴이다. 이보다 더 직관적인 것은 본 적이 없다. 이 툴의 또 다른 장점은, 선분을 표시하다보면 자꾸 표시하고 싶은 욕구가 생긴다는 사실. 작심삼일을 극복하기 위한 좋은 장치다.

| 주 2일 이하 업무 |

한편 일일업무 밑에 있는 주간업무를 보면 여기는 다시 모눈으로 이루어져 있다. 여기에는 주 2회 이하의 반복 업무들을 적어 넣는다. 아니면 일주일에 한 번에서 두 번 정도는 하는데 정확히 어느 요일에 하는지

: 운명을 바꾸는 노트의 힘 :

정해지지지 않았을 경우, 일단 적어둔 후 해당 요일에 배치하면서 사용해도 된다. 이렇게 꼼꼼히 관리하면 어디 가서도 일 못한다는 소리를 듣지 않는다.

| 도형의 매력 |

도형이 매력적인 이유는 업무 외에도 다양하게 적용할 수 있기 때문이다. 땡큐노트를 가르치면서 놀랐던 것은 예체능 분야에 있는 분들의 뜨거운 반응 때문이었는데 알고 보니 운동 동작도 하나하나 쪼개서 연습하고, 악기연주도 그렇게 한단다. 투수와 타자를 겸업하고 있는 일본의 유명 야구선수 오타니 쇼헤이도 같은 원리에 입각한 목표 달성표를 쓴다.

이렇게 도형을 활용하면 얻을 수 있는 결정적 장점이 있다. 요일별 공간이 여유로워진다는 사실. 각 요일에 할당된 공간들이 사용자에 따라서 좁다는 느낌을 받을 수 있다. 그러나 고정업무를 도형으로 처리하면 그만큼 요일별 공간에 여유가 생긴다. 이 말은 우리가 더 중요한 일에 공간을 쓸 수 있다는 뜻이다. 그렇게 생긴 공간에 해야 할, 정말 중요한 일은 다시 설명하겠다.

3

인맥관리의 다이아몬드를
완성하라

서양인들이 개인의 가치를 추구하고 현상의 본질을 단순화하는 것에 집중했다면 동양인들은 공동체를 추구하고 상호관련성에 집중했다. 리처드 니스벳의 〈생각의 지도〉를 보면 동서양의 차이를 명쾌하게 설명하는데 동양인들은 자신을 독립적인 개체로 여기기보다는 사회적 관계망 안에서 파악한다는 말이 흥미로웠다. 다시 말하면 서양인들은 자신을 설명할 때 '친절하다, 근면하다'와 같이 개인의 성격을 드러내는 형용사를 사용하거나 '나는 캠핑을 자주 다닌다'와 같이 말하는 데 반해 동양인은 '나는 친구들과 노는 것을 좋아한다', '나는 직장에서 아주 열심히 일한다'는 식으로 말한다고 한다. 그만큼 우리가 관계를 중시한다는 얘기다.

행복의 궁전을 지탱하는 3개의 기둥을 앞서 살폈다. 그 가운데 업무

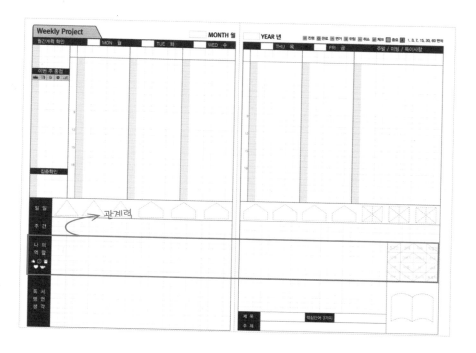

력에 대해서는 설명을 마쳤고, 이제는 관계력에 대한 설명이다. 관계력을 키우기 위해서는 구체적으로 어떻게 해야 하는지 살펴보자. 땡큐노트 아랫부분 '나의 역할'이라는 곳의 오른쪽 끝에 보면 마름모 모양의 표가 보인다. 표 안에는 아버지, 어머니, 아들, 딸 등의 단어들이 총 16개가 희미한 글자로 새겨져 있다. 이 장치가 우리의 관계력을 향상시키는 데 기여할 것이다.

'나의 역할'이라는 글자 아래에는 다섯 개의 아이콘이 있다. 그것은 5가지 사랑의 언어에서 배웠던 언어들이다.

엄지손가락은 '인정하는 말', 시계는 '함께하는 시간', 포장박스는 '선물', 하트는 '봉사', 악수는 '스킨십'으로 시각화했다. 외우려고 하면 잘되지 않아서 그림으로 표현했더니 쉽게 떠오른다.

그럼 마름모 모양에 들어 있는 단어들은 무엇을 뜻할까? 그것은 바로 나의 역할을 의미한다.

    – 내가 이번 주에 아버지로서 해야 할 것은 무엇일까?

    – 어머니로서 해야 할 것은?

    – 아들로서? 딸로서는?

이런 식으로 해석하면 된다. 이번 주, 상대방을 위해 내가 먼저 해 주어야 할 것들은 무엇인지 생각하고, 적고, 실행한다.

| 구체적 실행법 |

방법은 이렇다. 나는 남자다. 그래서 어머니나 딸, 아내, 며느리 같은 역할은 나의 몫이 아니다. 그래서 나와 상관없는 역할에는 먼저 선을 긋는다.

    : 운명을 바꾸는 노트의 힘 :

종교인	형제	자매	직업인
남매	아버지	어머니	친구
남편	아들	딸	아내
이웃	사위	며느리	동호회

이렇게 시작해서 내게 부여된 역할에 대한 책임을 완수했다면, 선을
하나씩 그어 가면 된다. 거창할 필요 없다. 내가 남편으로서 아내를 위
해 설거지를 했다거나 아이들을 위해 책을 읽어 주었다거나, 부모님께
전화를 한 통 드렸다거나 하는 소소한 것들로 완성해 가면 된다. 이런
식으로 모두 완료했다면 결국 아래와 같은 모양이 된다.

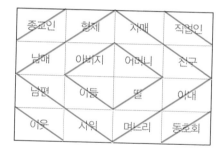

모양이 마치 다이아몬드 같았다. 순간적으로 딱 떠오른 것은 '우리의
관계가 다이아몬드처럼 값진 것 아닐까?'라는 생각이었다. 매주 내게
주어진 역할이 무엇인지 생각하면서 상대방을 위해 무엇을 해 줄 것인
지 고민한다는 것 자체가 대단한 일 같다. 더구나 종이와 펜이 이를 가
능하게 한다는 것은 기적이었다.

안쪽 다이아몬드, 바깥쪽 다이아몬드의 의미

참고로, 가장 안쪽에 있는 단어들은 직계가족이다. 가장 가까운 사람들, 항상 함께하는 사람들이다. 그 사람들부터 먼저 챙긴다. 작은 다이아몬드부터 만들어보자. 선을 긋다보면 안쪽 다이아몬드는 채워지지 않고, 바깥쪽 다이아몬드만 채워질 수 있다. 혹은 그 반대도 마찬가지다. 이럴 때 진단이 가능하다. '아 내가 가족에 소홀하구나', '내가 너무 가족에만 집중하고 있구나' 따로 분석하지 않아도 직관적으로 알 수 있다.

다이아몬드 표의 다른 활용법

이 표의 활용은 확장될 수 있다. 예를 들어, 나의 역할과 상관없는 곳에 미리 선을 긋지 말고, 사람의 이름을 쓴다. 전우의 이름, 직장 동료들의 이름 등 그들의 이름을 쓰면 '이번 주에 그를 위해 내가 무엇을 먼저 해줄까?'라는 고민을 하게 된다.

종교인	최준원	오승택	직업인
남매	아버지	김영균	친구
남편	아들	이주형	양훈일
이웃	사위	이주영	동호회

154

예시로 넣은 이름들은 국군복지단에서 같이 근무했던 병사들의 이름이다. 내 역할이 아닌 곳에 그들의 이름을 적는다(그래서 희미하게 인쇄했다.). 최대 10명까지 넣을 수 있다. 딱이다. '영균이가 지난번 운동하다가 발목을 삐었는데 호전되었는지 물어봐야겠다.', '훈일이가 분대장 하면서 요즘 피곤해 하는 것 같은데 상담을 좀 해 봐야겠다'라는 식으로 작고 소소한 것들을 챙긴다. 내가 먼저.

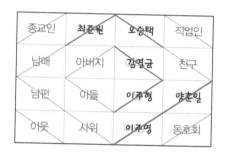

종교인	**최준원**	**오승택**	직업인
남매	아버지	**김영균**	친구
남편	아들	**이주형**	**양훈일**
이웃	사위	**이준영**	동호회

▌마찬가지로, 챙기고 난 뒤엔 사선을 긋는다.

병영 내에서, 학교에서, 기업에서, 가정에서 모두 땡큐노트를 쓰면서 서로를 위해 먼저 무엇을 해 줄지 고민한다면 어떤 사회가 될까? 상상만으로도 즐겁다. 더욱이 값비싼 스마트 디바이스도 필요치 않다. 그냥 펜과 종이면 된다. 엄청나지 않은가?

▎ 땡큐노트는 단순 성과용 도구가 아니다 ▎

땡큐노트는 자기성장을 위한 세계 최고의 노트다. 단순히 '성과'를 추구하는 노트가 아니다. 성과 관리의 차원을 뛰어넘어 나를 보게 한다. 생각하게 한다. 인간답게 한다. 분명 전두엽이 엄청나게 활성화될 것이다. 스마트기기는 전두엽을 마비시킨다. 인간을 동물처럼 만들려고 한다. 너무 비약이 심하다고 느낀다면 분명히 기억하자. 스티브 잡스나 빌 게이츠 등 IT의 첨단에 있던 사람들은 절대 자기 자식에게는 스마트 기기를 허락하지 않았다는 사실을.

대한민국은 세계 최고의 기록국가다. 유네스코에 등재된 우리나라 기록물들은 개인적 기록물이 아닌 공동체의 기록물이다. 가슴이 뜨거워진다. 몇몇 개인기록물들, 예를 들어 〈난중일기〉나 〈동의보감〉조차도 공동체를 위해 집필한 기록이다. 대한민국 사람들은 개인적 만족을 추구하지 않고, 공동체를 위한 기록에 집중했다. 그게 진짜 남겨야 할 기록이 아닌가?

자부심을 갖자. 분명히 땡큐노트는 대한민국 선조들의 유전자를 물려받은 사람에 의해 개발되었고, 대한민국에서 시작되었다. 분명 전 세계에서 선호하는 노트가 될 것이다. 자! 이제 다이아몬드를 완성해가자!

4
책 그림을 완성하다 보면
한 권 읽기 끝!

지금까지 업무력과 관계력이 어떻게 종이 위에서 구현되는지 설명했다. 2차원적인 평면이 이렇게 다양한 것들을 구현할 수 있는지 나도 놀랐다. 이제부터는 학습력이다. 앞에서도 말했지만 학습이란 개념 자체가 워낙 광범위하기 때문에 땡큐노트에서는 '독서'에 집중했다. 오로지 학습만을 위한 노트도 개발했는데 이것은 다음 책에서 알리겠다(5년 동안 공부만 한 시간이 헛된 시간이 아니었다. 비록 합격은 못했지만 더 큰 것을 얻을 수 있었던 시간이었다. 학생은 물론 공무원, 고시시험까지 모두 아우를 수 있는 학습법이다. 내가 개발하고도 의심이 들어 공부에 일가견이 있다는 분들에게 가서 검증했다. 그래서 확신하게 되었다.).

땡큐노트에는 독서를 더 많이 할 수 있도록 장치를 만들었는데 이것도 직관적이고 쉽게 사용할 수 있다.

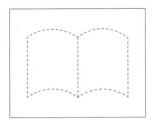

땡큐노트 오른쪽 맨 아래에 보면 이런 표시가 있다. 딱 봐도 책 모양이다. 흥미로운 것은 이 모양이 7개의 선분으로 이루어져 있다는 사실이다. 감이 오는가? 7개의 선분이라는 것은 일주일이 7일이라는 것과 연동할 수 있다는 단서가 된다. 그렇다. 이 책 모양의 도형을 가지고, 독서를 더 잘할 수 있다. 저 모양이 독서하라고 나를 계속 다그치기도 하고, 잘했다고 칭찬하기도 한다. 빌 게이츠는 자신의 1년 독서량이 50권 정도라고 밝힌 적이 있다. 물론 나는 믿지 않는다. 하지만 정말 사실이라면 일주일에 책 1권만 읽어도 빌 게이츠의 독서량과 대등하다는 뜻이다. 1년이 52주니까. 물론 일주일에 1권이 만만해 보이지 않을 수도 있다. 내 경험으로도 쉽지 않은 일이다.

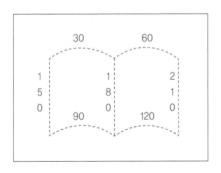

읽고자 하는 책의 총 페이지 수가 210페이지라고 가정하자. '나누기

7'을 하면 보는 바와 같이 하루에 30페이지만 읽으면 된다. 요일은 숫자의 위치와 동일하다고 보면 된다. 저 숫자가 의미하는 것은 '하루 30페이지'의 의미를 넘어선다. 일종의 기준선 같다. 저 숫자보다 더 읽으면 마음이 뿌듯하고, 못 읽으면 분발하게 된다. 뭐랄까? 표지판 같다고 할까?

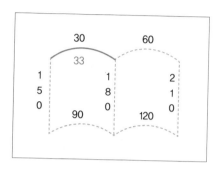

여기까지 책을 읽은 독자들은 이제 이 그림이 무슨 의미인지 알 것 같다. 맞다. 월요일에 33페이지까지 읽었다는 표시다. 계속 표시해보겠다.

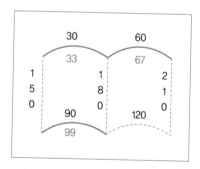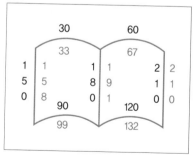

왼쪽 그림은 화요일에 67페이지까지, 수요일은 99페이지까지 읽었다는 표시이고, 오른쪽 그림은 완독했다는 표시다.

사용결과 평범한 책은 통상 3일 정도면 다 읽는다. 수요일 무렵, 마지막 장을 넘기게 되는데 굉장히 뿌듯한 기분이 든다. 반대로 아무런 숫자를 기입하지 못하고 넘어가는 주도 생긴다. 그때는 '다음 주엔 꼭 읽어야지' 하고 각오를 다지게 된다. 땡큐노트를 배운 사람 중에는 하루에 책 1권씩 읽는 분도 있었다. 그는 처음 계획을 세울 때 1주일 동안 읽을 책의 각 페이지를 적고 체크하고 있었다.

| 한 번 쓰면 계속 쓰게 되는 땡큐노트 |

내가 제시한 사용법들은 일종의 '표준안'이라고 보면 된다. 사람이 위대한 이유는 응용이 가능하기 때문. 자기만의 편리한 사용법이 있다면 시도하자. 결과가 좋다면 주변에 전파하자. 옆 사람에게 전달하는 과정에서 툴이 발전하는 경험을 많이 했다. 교학상장이라고 가르치고 배우면서 서로 성장한다는데 그 말이 진리다.

땡큐노트는 그냥 노트가 아니다. 개발은 내가 했지만 교육받은 사람이 훨씬 더 잘 쓰는 경우도 많다. 어떤 분은 시어머니와 관계가 좋아졌다며 전화를 걸었다. 어떤 분은 '일 잘한다' 소리를 듣는다고 소식을 전해왔다. 정말 신기한 점은, 내가 가르쳐준 대로 쓰는 사람보다 자기 스타일에 맞게 바꿔서 사용하는 사람도 많았다는 사실이다. 이게 모눈의 힘인 것인지, 또 다른 이유 때문인지 아직은 모르겠다.

하지만 분명한 사실은 한 번 배운 사람들은 꾸준히 쓴다는 점이다. 정말 의외였다. 나도 수첩을 습관화시키는 데 3년 이상 걸렸다. 무언가 손

：운명을 바꾸는 노트의 힘 ：

에 들고 다니고, 가방에 휴대하고 다니는 일이 귀찮기 때문이다. 기껏해야 스마트폰 정도나 항상 휴대할까. 주머니에 든 열쇠도 번거로워하는 성격이었기에 습관을 들이는 데 힘이 들었지만 땡큐노트 사용자들에게는 그런 게 없다. 이건 엄청난 것이다.

이 노트가 스마트폰 이상의 중독성이 있길 바란다. 안 쓰면 불안해서 어쩔 줄 모르길 바란다. 그래야 전두엽이 뜨거워질 것이라 믿기 때문이다. 땡큐노트에 있는 책 모양이 당신의 독서력을 향상시켜 주길 간절히 바란다.

5

그림을 그리면
하루가 완성된다

기본적인 땡큐노트 사용법은 모두 설명했다. 정리하면 땡큐노트는 나의 하루를 관계, 업무, 학습이라는 세 가지 요소로 심플하게 요약하여 나의 하루를 조망하기 위한 노트다. 옷매무새를 단정히 하고 얼굴을 살필 때는 거울이 필요하지만 나의 하루를 비춰보기 위해서는 땡큐노트가 필요하다.

3가지 요소에 따라 영역을 나누어 살펴보면 다음 그림과 같다. 앞서 내가 주장했던 모든 것들을 실제로 구현하기 위한 장치가 모두 담겨 있다. 결코 뜬구름 잡는 이야기가 아니다. 이제부터는 땡큐노트에서 가장 중요한 이야기를 하려고 한다. 지금까지는 노트 상에 배치한 어떤 장치를 따라 하루를 관리하는 방법을 배웠다면 이제부터는 그런 거 없다. 우뇌를 사용해야 한다. 그건 바로 이미지(image)다.

： 운명을 바꾸는 노트의 힘 ：

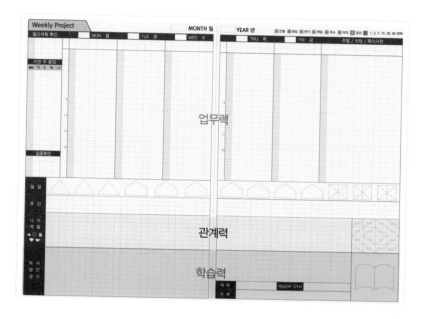

루틴 업무를 쪼개서 도형에 배치하고 나면 각 요일별 공간이 상당히 남게 된다. 물론 크로노스적인 시간기록을 하는 기간에는 예외지만 카이로스적 시간기록을 한다면 공간의 자유를 얻게 된다. 하루에서 가장 중요한 일이 하나밖에 없는 날도 있기 때문이다. 처음부터 땡큐노트는 빽빽하게 쓰지 않아도 부담 없도록 설계했다. 그렇게 가득 채워 쓰지 않아도 가득 채워 쓴 것처럼 보이게 했는데 내가 그렇게 쓰는 것을 선호했기 때문이다. 플래너를 가득 채워 쓰면 효과가 좋은 게 일단 시각적 효과가 극대화되기 때문에 상대방에게 보여주기가 좋다. 쉽게 감동하기 때문이다. '나 이 정도로 꼼꼼한 사람이야'라는 인상은 비즈니스 세계에서 굉장히 긍정적으로 작용한다.

하지만 그에 비례하여 늘어나는 것은 나의 '스트레스'다. 매일 그렇게 써야 할 것 같고, 그렇게 쓰지 않으면 괜히 죄책감 비슷한 것도 느끼게 된다. 여러 번 말했지만 열심히 하는 사람에게 죄책감은 바이러스와 같다. 뇌에서 오류가 뜨기 때문이다. '잘'은 하지 못해도 '열심히' 하는 사람에게 자꾸 들어야 하는 생각은 죄책감이 아니라 도전정신이다. 그래야 결국 잘할 수 있으니까. 죄책감은 노력하지 않으면서 남을 비판만 하고, 말과 행동이 일치하지 않는 사람에게 찾아오는 밤손님이 아닌가? 그래서 많이 고민했다. 그렇게 가득 채워 쓰지 않아도 그 이상의 효과를 낼 수 있는 것이 무엇인가? 그래서 얻어낸 답이 이미지이다.

'내 손으로 직접 그린 이미지'는 나에게 상상을 초월한 힘을 부여한다. 초등학교에서 유일하게 양을 받은 내 그림실력으로 그림을 그리는 일은 고역에 가까웠다. 기껏해야 '졸라맨' 정도 그릴 수 있었는데 신기한 건 그 '짝퉁 졸라맨'이 엄청난 느낌을 내게 안겨주었다는 사실이다.

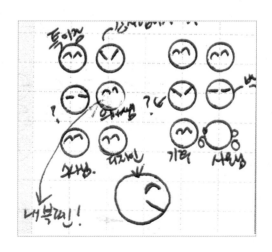

: 운명을 바꾸는 노트의 힘 :

이 그림은 〈땡큐솔져〉 집필 후 모 기업에서 강연하던 날의 청중석을 묘사한 이미지다. 하나하나의 표정들이 실제 표정과 동일하다(고 믿고 싶다.). 나는 이 그림을 보면 그 날의 느낌이 생생히 떠오른다. 자리에 앉아 있던 사람들의 표정이 눈앞에 아른거린다. 호의적이었던 얼굴들과 '그래 한 번 떠들어봐' 하고 말하는 듯한 얼굴까지 모두 기억난다. 왼쪽 통로 자리에 앉아계시던 의사선생님이 내게서 볼펜을 빌려갔는데 돌려받지 못했다. 물론 나중에 찾게 되었지만. 별 걸 다 기억한다.

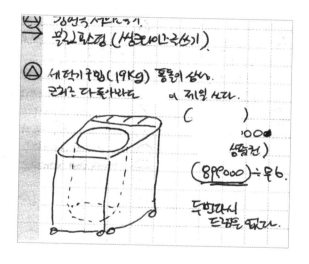

드럼세탁기가 싫었다. 그래서 12년을 기다렸다. 드럼세탁기가 망가지던 날 우리는 드디어 통돌이 세탁기를 구입했다. 어찌나 튼튼하게 만들었는지 12년 동안 아무 문제 없이 돌아가던 드럼세탁기. 그 녀석이 고장 나던 날 우리 부부는 환호성을 질렀다. '고치는 값이 더 든다'는 말을 듣고 기쁘기는 그때가 처음이었다.

이날 집에 뱀이 들어왔다. 갑자기 들려오는 아내의 비명소리. 화장실에 있다가 헐레벌떡 달려왔더니 진짜 안방에 뱀이 숨어들었다. 크기도 꽤 컸는데 자세히 보니 독사는 아니었다. 저게 어떻게 들어왔을까? 오랜만에 뱀을 잡아보려니 맨손으로는 잡기가 영 꺼림칙했다. 군대 있을 때 몇 번 잡긴 했는데, 전역한 지 10년이 넘자 자신감이 영 아니었다. 장갑 끼고 다시 왔을 때는 이미 베란다로 꽁무니를 빼고 있었다. 베란다에서 마주친 우리는 눈싸움을 했다. 생각 외로 빠르더라. 집게를 가지고 10년의 민간인 내공으로 포획을 시도했으나 날렵한 동작으로 피했다. 수초간의 눈싸움 끝에 녀석은 들어왔던 곳으로 나갔는데, 아뿔싸! 집 앞 매실나무가 무성히 자라며 방충망을 밀어낸 틈으로 들어온 모양이다. 며칠 전부터 아내가 매실나무 가지 좀 쳐달라고 부탁했는데 잔소리를 배로 벌었다.

∶ 운명을 바꾸는 노트의 힘 ∶

하루를 대표하는 하나의 이미지가 인생을 스토리로 만든다

위 3개의 이미지들은 내가 그린 그림들이다. 정말 어설프기 짝이 없다. 그래도 저 그림들은 그때의 생생함을 고스란히 간직하고 있다. 문자로 표현할 수 없는 영역을 이미지가 대신한다. 바로 우뇌가 말이다. 앞서 나는 '스펙 대신 스토리를 만들라'고 했다. 이게 바로 그 방법이다. 땡큐 노트에 하루를 대표하는 이미지 한 개씩만 그려보라. 인생 자체가 스토리로 변신한다. 잘 그릴 필요도 없다. 화려한 색깔도 필요 없다. 3색 볼펜 하나만 사용하라. 졸라맨을 그리든, 엑스맨을 그리든 나만 알아볼 수 있는 그림이면 된다. 한참이 지나도 그대로 생생하게 기억나는 경험을 몇 번 하면, 이미지의 위력을 다시금 실감하게 된다.

아쉬운 것은 다른 사람들의 이미지를 보여줄 수 없는 점이다. 이토록 개인적인 이미지들이기 때문에 대부분 공개를 꺼린다. 책으로 낼 테니 그림 좀 협찬해 달라면 누가 공개해 주겠는가? 그래서 시도도 안 했다. 하지만 나는 땡큐노트를 무슨 만화책처럼 잔뜩 그림으로 도배한 분도 봤다. 그것마저도 멀리서 보라면서 살짝 보여줬는데 진짜 멋있었다. 그림 잘 그리는 사람 정말 부럽다.

꾸준히 이미지를 그리며 땡큐노트를 쓰다 보면 그 자체가 하나의 책이 된다. 책 쓰기가 별 건가? 내 인생기록 아닌가? 내 생각과 그날의 느낌이 이토록 생생하게 기억난다면 훗날 정리해서 정식으로 책 한 권 내면 될 것 같은데? 나도 책을 썼지만 책을 쓸 때 과거의 기록이 생생히 살아 있는 것보다 더 도움이 되는 건 없다. 땡큐노트를 훑어보면서 내가 쓰려고 하는 책의 주제와 관련된 날이 있다면 더욱 생생하게 그날을 묘사할 수 있을 것이다. 그리고 그 이야기는 아무도 따라 할 수도, 가져 갈 수도 없는 나만의 것이다. 1년 내내 써 봐야 52장의 기록이다. '손으 로 쓴 걸 어떻게 일일이 찾아보냐?'고 핑계 댈 필요도 없다. 그림은 눈 에 확 들어오기 때문이다. 나아가 글자여도 찾을 수 있다. 디지털적인 방법으로 글자 탐색법을 발견했기 때문이다. 아무튼 나는 정말 궁금하 다. 당신의 그 독특한 스토리가 말이다.

땡큐노트법

땡큐 솔져, 그 두 번째 이야기

: 땡큐노트 맛보기 :

땡큐노트 샘플을 소개합니다.
반 달 정도 시험삼아 써 보시면서
진가를 느껴보세요.

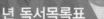

년 독서목록표

구분	도서명	저자	출판사	핵심단어	주제	날짜
1						
2						
3						
4						
5						
6						
7						
8						
9						
10						
11						
12						
13						
14						
15						
16						
17						
18						
19						
20						
21						
22						
23						
24						
25						
26						
27						
28						

구분	도서명	저자	출판사	핵심단어	주제	날짜
29						
30						
31						
32						
33						
34						
35						
36						
37						
38						
39						
40						
41						
42						
43						
44						
45						
46						
47						
48						
49						
50						
51						
52						
53						
54						
55						
56						
57						
58						

년 독서목록표

구분	도서명	저자	출판사	핵심단어	주제	날짜
1						
2						
3						
4						
5						
6						
7						
8						
9						
10						
11						
12						
13						
14						
15						
16						
17						
18						
19						
20						
21						
22						
23						
24						
25						
26						
27						
28						

구분	도서명	저자	출판사	핵심단어	주제	날짜
29						
30						
31						
32						
33						
34						
35						
36						
37						
38						
39						
40						
41						
42						
43						
44						
45						
46						
47						
48						
49						
50						
51						
52						
53						
54						
55						
56						
57						
58						

사명발견하기

	내가 재미있는 것			갖고싶은것
1			1	
2			2	
3			3	
4			4	
5			5	
6			6	
7			7	
8			8	
9			9	
10			10	

	내가 하고 싶은 것			가보고 싶은곳
1			1	
2			2	
3			3	
4			4	
5			5	
6			6	
7			7	
8			8	
9			9	
10			10	

	내가 원하는 모습			나누고 싶은것
1			1	
2			2	
3			3	
4			4	
5			5	
6			6	
7			7	
8			8	
9			9	
10			10	

나의 사명 선언서

나의 사명은

~로서	~하였습니다.

나의
추도사

인생프로젝트

구분	일		가족		친구		건강		나	
10대										
20대										
30대										
40대										
50대										
60대										
70세 이상										

년 프로젝트

구분		구체적 목표	실행가능 시간	측정결과
일				
가족				
친구				
건강				
나				

년 프로젝트

구분		구체적 목표	실행가능 시간	측정결과	
일					
가족					
친구					
건강					
나					

	MONTH				YEAR 年

일	가족	친구	건강	나

일	월	화	수	목	금	토

	MONTH			YEAR 年

일		가족		친구		건강		나

일	월	화	수	목	금	토

	MONTH					YEAR 年
일	가족	친구	건강	나		

일	월	화	수	목	금	토

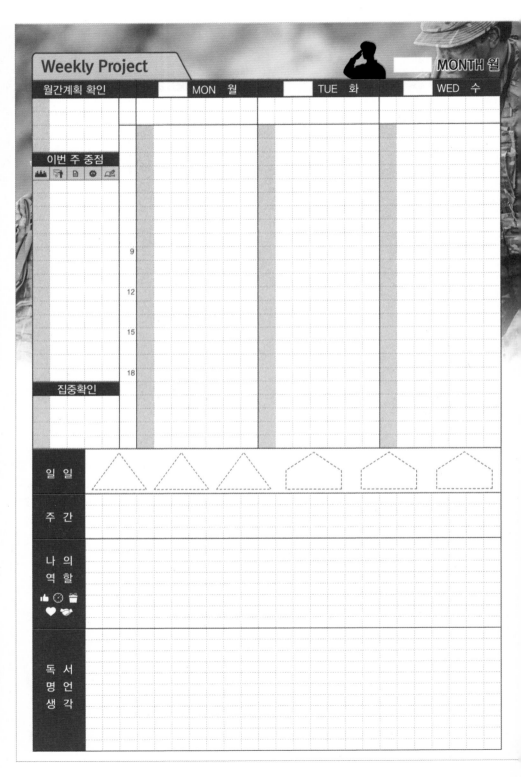

Weekly Project

MONTH 월

월간계획 확인	MON 월	TUE 화	WED 수

이번 주 중점

9
12
15
18

집중확인

일 일

주 간

나 의
역 할

독 서
명 언
생 각

YEAR 년

진행 ☑완료 ┈연기 ┃위임 ┈취소 ☑체크 ■중요 正 1, 3, 7, 15, 30, 60 반복

	THU 목	FRI 금	주말 / 미팅 / 특이사항

9			
12			
15			
18			

종교인	형제	자매	직업인
남매	아버지	어머니	친구
남편	아들	딸	아내
이웃	사위	며느리	동호회

제 목		핵심단어 3가지	
주 제			

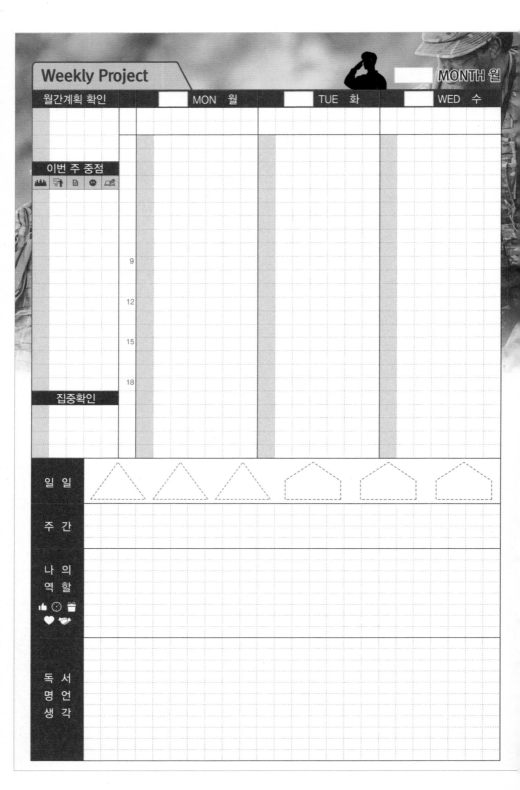

Weekly Project

MONTH 월

월간계획 확인	MON 월	TUE 화	WED 수

이번 주 중점

9

12

15

18

집중확인

일 일

주 간

나 의
역 할

독 서
명 언
생 각

YEAR 년

	THU 목		FRI 금	주말 / 미팅 / 특이사항

9			
12			
15			
18			

종교인	형제	자매	직업인
남매	아버지	어머니	친구
남편	아들	딸	아내
이웃	사위	며느리	동호회

| 제 목 | | 핵심단어 3가지 | |
| 주 제 | | | |

· 7장 ·

하루 정리 노트를
디지털과 결합시켜
효율성을 높이는 방법

1
종이에 날개 달기 :
디지털 더하기

진즉 사라졌어야 옳았을 종이. 스마트기기의 발전으로 손 필기도 디지털로 구현이 가능한 요즘, 종이를 고집하는 것은 구태의연해 보인다. 손 필기라는 행위를 해야 하는 이유가 뇌를 가장 많이 자극하고 전두엽을 활성화하기에 유리하기 때문이라면 왜 굳이 종이여야 하느냐는 것이다. 나도 그 부분에서 약간 멈칫했다. 종이라는 아날로그적 감성에 호소하는 것도 설득력이 약하게 느껴졌다. 종이가 가진 한계는 너무 자명했다.

이러한 의문을 명쾌하게 풀어준 자료가 있다. 우연히 〈T 타임즈〉에서 본 포스트가 있는데 '종이로 읽을 때 VS 모니터로 읽을 때 이해도 차이'라는 글이었다.

: 운명을 바꾸는 노트의 힘 :

─ 다트머스 대학과 케네디 멜론대학 연구진은 최근 디지털기기로 읽을 때와 종이로 읽을 때 이해 정도의 차이가 있는지 학생들을 대상으로 실험을 했다. 한 그룹은 노트북 PDF로, 다른 한 그룹은 종이로 읽게 했는데 노트북 PDF로 읽은 그룹은 구체적인 사안이나 정보를 기억한 반면 종이로 읽은 사람은 글 전체 맥락을 짚고 스토리를 추론하는 것에 더 우수했다. (2015. 5. 9 텔레그래프)

맥락. 앞에서 수차례 강조했던 저 단어가 등장한다. 다시 말하면 종이로 문서를 보는 것이 '맥락 파악'에 더 큰 도움이 된다는 것. 이어지는 말을 보자.

─ 정리하면 구체적이고 세부적인 정보를 빨리 습득하고 싶을 땐 디지털기기로 보는 것이 좋지만 새로운 생각, 창의적인 사고, 종합적인 판단을 위해 무언가를 읽는 사람은 종이가 낫다는 것이다.

명쾌하지 않은가? 몇몇 사람의 경험담을 들어보면 설득력은 더욱 커진다.

─ 나는 모니터로 읽다가 막히면 프린트해서 본다. 이런 방식이 그나마 디지털 화면이 주는 부작용을 경감시킬 수 있는 방법이다. (카우프만 카네기멜론대 교수, 워싱턴 포스트)

─ 디지털기기가 주는 사고의 결핍을 극복하기 위해선 의도적으로 추상적

디지털시대가 이미 성숙해지고 있는 단계에서 오히려 종이의 소비가 늘어나는 역설은 이 실험결과가 증명한다. 사회생활을 하다 보니 또 하나 신기한 사실을 경험했는데 아무리 디지털화되어 있더라도 금전이 오가는 중요한 일들은 반드시 종이로 출력해서 처리한다는 사실이다. 트럭기사를 할 때 '물품송증'이 대표적인데 어차피 POS에도 데이터가 다 있음에도 불구하고 굳이 손으로 서명을 서로 주고받는다. 처음엔 이렇게까지 할 필요가 있을까 싶었는데 웬걸, 그 수기로 한 서명 때문에 금전적 손실을 모면한 적이 한두 번이 아니다. 큰 금액이 오가는 부동산 거래 시에도 반드시 '자필서명'이 기록된 종이 계약서를 쓰며 보험계약, 자동차계약 등 하나같이 금전적 거래가 수반되는 모든 행위는 종이로 출력해서 서명을 하고 도장까지 찍는다. 기껏해야 '개인정보 활용 동의서' 정도나 디지털 서명을 할까?

│ 검색과 보관이라는 약점을 극복하기 위한 대안 │

그럼에도 불구하고 종이와 펜을 활용한 아날로그 기록에는 두 가지 단점이 있다. '검색'과 '보관'이 어렵다는 점. 깨알같이 쓴 기록의 모래밭에서 바늘을 찾으려면 페이지마다 넘겨보며 한참을 들여다봐야 한다. 그러나 디지털은? 검색창에 단어 한 개만 딱 치면 순식간에 찾아준다. 보관 문제도 마찬가지다. 아무리 얇은 종이도 하루하루 쌓이면 부피가 만만치 않기 때문에 공간을 차지한다. 거실 책장을 가득 채우고 있는 책을 떠올려보라. 해묵은 사진첩을 생각해 보라. 더구나 오래 되면 변질되기도 한다. 그리고 보관이라는 단어의 이웃사촌인 휴대성을 생각해 보면 여간 불편하지 않다. 손에 들고 다니거나 가방에 넣어 다녀야 하니까 늘 짐이 있는 셈이다. 반면 디지털은? 배터리의 압박만 아니면 전혀 불편할 게 없다. 그래서 디지털과 아날로그의 단점을 보완하고 장점을 극대화하는 방법을 탐색한 것이다.

그게 땡큐노트와 씽크와이즈의 접목이다.

씽크와이즈는 내가 가장 애용하는 디지털 도구로 기본적인 마인 맵핑 기능이 장착되어 있는 데다 최근에는 플래너 기능까지 합쳐져 막강한 힘을 발휘한다. 다만 나는 자기성장에 최적화된 땡큐노트로 플래너를 쓰기 때문에 둘을 합치는 것으로 방향을 잡았다.

방법은 이렇다.

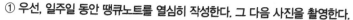
① 우선, 일주일 동안 땡큐노트를 열심히 작성한다. 그 다음 사진을 촬영한다.

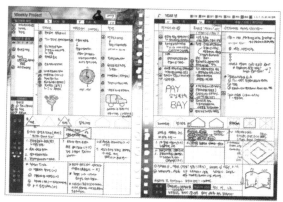

② 촬영된 사진을 씽크와이즈 맵핑가지에 그대로 추가시킨다. 그 가지에 태그를 부여한다. 예를 들면 '기쁨, 슬픔, 놀라움, 좌절' 등의 태그를 붙이면서 기록을 저장한다.

③ 나중에 '2017년 슬펐던 주간'이란 조건을 주고 검색을 하면 슬픔 태그가 붙어 있는 모든 땡큐노트가 나온다.

(* 참고로 왜 '감정 태그'냐고 묻는다면 '감정은 기억의 꼬리표'라는 답변을 돌려드린다. 학자들은 감정이란 게 기억에서 중요한 역할을 한다는 점을 밝혔다. 제목은 기억하기 힘들어도 생각만 하면 웃음이 나거나 슬픔이 내려앉는 영화들이 있지 않은가? 우리가 무언가를 기억한다면 그 기억 속에는 늘 감정이 개입되기 마련이다.)

글로 설명하니까 감이 안 올 수도 있는데 실제로 해 보면 매우 간단하다. 씽크와이즈를 개발한 회사 심테크시스템에서는 〈PQ플래닝〉이라는 과정을 운영하고 있는데 여기서 사명 설정부터 디지털 플래너까지 교육한다. 꼭 참석하기를 권한다.

아무튼, 나는 좀 더 다양한 감정을 표현하고 싶어 약 100여개의 태그를 운영하고 있으며 1개 주간에 5개 이상의 태그는 부여하지 않는다. 이런 식으로 자료를 관리하면 글자까지 일일이 검색할 수는 없으나 그 주에 느꼈던 감정을 기반으로 검색을 할 수 있게 된다. 발품을 요구했던 '검색'이 일정 부분 용이해진다.

아쉬운 것은 문자인식기능(OCR)까지 지원된다면 글자까지 검색할 수 있을 텐데, 가까운 시일 안에 만들어 내리라 결심한다. 어쨌든 나는 내

: 운명을 바꾸는 노트의 힘 :

가 손으로 기록한 인생의 사명부터 월간계획까지는 씽크와이즈를 적극 활용하고 있고, 주간계획은 땡큐노트로 관리한다. 전체 맵을 스크린에 띄워 사명과 연간/월간계획을 보면 마치 네비게이션을 보는 것처럼 인생의 길을 멀리서 바라보고 있다는 느낌, 그래서 내가 지금 제대로 길을 가고 있는지 지속적으로 확인할 수 있다.

만약 문자인식기능이 정말 필요한 독자가 있다면 에버노트를 권한다. PDF 파일로 저장하면 에버노트에서 자동으로 문자인식을 한다. 더 나아가 땡큐노트 전용 앱도 나오길 바라는데, 아직은 시도하지 못하고 있다.

참고로 사진도 중요한 기록물이다. 나는 '구글포토'를 통해서 사진을 관리하는데 여기에도 인공지능 기능이 지원된다. 예를 들어 사진 속의 인물을 인식해서 같은 인물끼리 모아준다거나 매년 같은 날짜에 찍은 사진을 모아주는 등의 기능인데 매우 놀랍다. 예전에 디지털카메라로 찍어 메모리카드를 빼고 넣고 하던 시절을 생각하면 정말 뛰어난 편집 기능이다.

이런 식으로 디지털을 활용하면 된다. 어떤 프로그램을 활용한다고 해서 모든 기능을 알 필요도 없다. 지금까지 설명한 것도 내게 필요한 기능만 골라서 땡큐노트와 접목한 것이다. 이런 식의 디지털과 아날로그 융합 기록법을 스스로 개발하고 활용해야 디지털에 매몰되지 않는다. 더욱 더 신선하고 기발한 아이디어들이 많이 나오길 바란다.

2
땡큐노트와 씽크와이즈의
구체적인 결합 방법

마인드맵은 아이디어의 발산과 수렴에 최적화된 도구다. 그러나 자칫 아이디어에만 치중, 실행에 취약할 수 있다는 단점을 해결하기 위해 씽크와이즈를 제작한 '심테크 시스템'는 많은 고민을 한다. 세상에 출시된 다양한 종류의 마인드맵 프로그램 가운데 씽크와이즈가 탁월한 이유는 바로 실천력을 높이기 위해 플래너랑 연동했다는 점이다. 즉 태풍처럼 강력하게 나오는 아이디어를 시간이라는 물리적 수단에 접목하여 사용자로 하여금 움직이도록 만든다. 이런 특성이 땡큐노트와의 결합을 쉽게 만들었다.

| 프로그램 설치하기 |

씽크와이즈에 대한 상세한 교육은 회사 홈페이지(www.thinkwise.co.kr)
에서 교육일정표를 확인한 후 오프라인 수업을 듣는 것이 가장 좋다.
물론 유튜브에도 채널이 있고, 페이스북, 네이버 카페에도 영상자료가
게재되어 있기 때문에 혼자서도 쉽게 배울 수 있다. 최근에는 방송통신
대학교와 함께 무료 강좌도 개설되어 있다. 씽크와이즈 프로그램을 다
운 받아 쿠폰번호 입력란에 'HJDG9-HYQL8'을 입력하면 3개월 무료
로 사용 가능하니, 적극 활용해 보길 권장한다. 쿠폰입력방법은 블로그
(blog.naver.com/beefriend/221028444520)에 게시했다.

| 로그인과 회원가입 |

씽크와이즈 오른쪽 상단에 보면 로그인과 회원가입 항목이 보인다. 무
료 회원가입이므로 부담 없이 가입할 수 있다. 다만 유의할 점은 이메일
주소를 기입할 때 본인이 가장 자주 쓰는 이메일로 하는 것이 유리하
다는 점이다. 써보면 지메일(Gmail)이 편리하다는 것을 알 수 있다.

| 구조 만들기 |

가장 최근에 나온 씽크와이즈 PQ 버전에는 인생의 사명부터 연간, 월

간, 주간, 일일 단위로 플래너를 작성할 수 있으며, 이를 마인드맵 형식으로 탑재하고 있다. 우선 전체모습을 보자(197쪽).

나 자신: 가장 왼쪽의 '나 자신'에는 나의 꿈과 비전, 미션 등을 작성할 수 있다. 나는 땡큐노트에 작성했던 내 사명을 모두 입력했다.

라이프 플랜: '라이프 플랜'에서는 내가 세운 꿈과 비전을 바탕으로 각 연령대별 계획을 입력할 수 있다. 나는 향후 60년의 계획을 간단한 키워드 중심으로 정리했고, 우선 향후 10년 계획을 세분화시켰다.

연간계획: 가장 오른쪽의 연간계획은 '라이프 플랜'에서 작성된 내용을 세분화시키는 것이다. 나의 꿈과 아이디어를 '시간'이라는 수단에 접목시키는 모습을 엿볼 수 있다.

:운명을 바꾸는 노트의 힘:

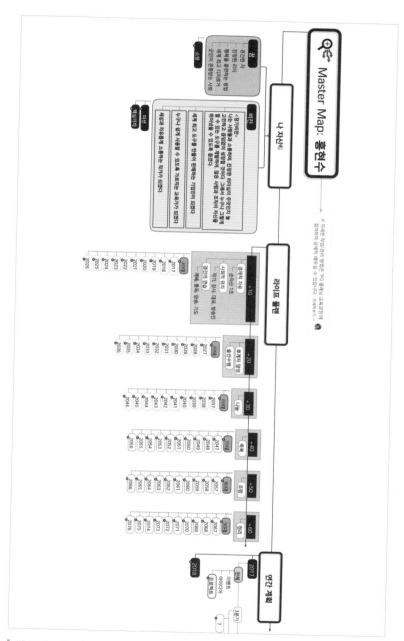

씽크와이즈 마스터 맵의 전체 모습. 지면 관계상 맵을 모두 펼친 상태는 아니다.

197

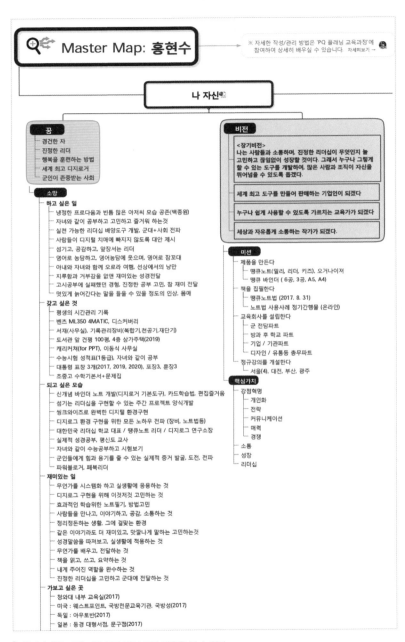

Master Map: 홍현수

※ 자세한 작성/관리 방법은 'PQ 플래닝 교육과정'에 참여하여 상세히 배우실 수 있습니다. 자세히보기 →

나 자신

꿈
- 경건한 자
- 진정한 리더
- 행복을 훈련하는 방법
- 세계 최고 디지로거
- 군인이 존중받는 사회

소망
- **하고 싶은 일**
  - 냉정한 프로다움과 빈틈 많은 아저씨 모습 공존(백종원)
  - 자녀와 같이 공부하고 고민하고 즐거워 하는것
  - 실천 가능한 리더십 배양도구 개발, 군대+사회 전파
  - 사람들이 디지털 치매에 빠지지 않도록 대안 제시
  - 섬기고, 공감하고, 앞장서는 리더
  - 영어로 농담하고, 영어농담에 웃으며, 영어로 잠꼬대
  - 아내와 자녀와 함께 오로라 여행, 선상에서의 낭만
  - 지루함과 거부감을 없앤 재미있는 성경전달
  - 고시공부에 실패했던 경험, 진정한 공부 고민, 참 재미 전달
  - 멋있게 늙어간다는 말을 들을 수 있을 정도의 인상, 몸매
- **갖고 싶은 것**
  - 평생의 시간관리 기록
  - 벤츠 ML350 4MATIC, 디스커버리
  - 서재(사무실), 기록관리장비(복합기천공기재단기)
  - 도서관 앞 건평 100평, 4층 상가주택(2019)
  - 캐리커쳐(for PPT), 이동식 사무실
  - 수능시험 성적표(1등급), 자녀와 같이 공부
  - 대통령 표창 3개(2017, 2019, 2020), 포장3, 훈장3
  - 초중고 수학기본서+문제집
- **되고 싶은 모습**
  - 신개념 바인더 노트 개발(디지로거 기본도구), 카드학습법, 편집즐거움
  - 섬기는 리더십을 구현할 수 있는 주간 프로젝트 양식개발
  - 씽크와이즈로 완벽한 디지털 환경구현
  - 디지로그 환경 구현을 위한 모든 노하우 전파 (장비, 노트법동)
  - 대한민국 리더십 학교 대표 / 맹큐노트 리더 / 디지로그 연구소장
  - 실제적 성경공부, 평신도 교사
  - 자녀와 같이 수능공부하고 시험보기
  - 군인들에게 힘과 용기를 줄 수 있는 실제적 증거 발굴, 도전, 전파
  - 파워블로거, 페북리더
- **재미있는 일**
  - 무언가를 시스템화 하고 실생활에 응용하는 것
  - 디지로그 구현을 위해 이것저것 고민하는 것
  - 효과적인 학습위한 노트필기, 방법고민
  - 사람들을 만나고, 이야기하고, 공감, 소통하는 것
  - 정리정돈하는 생활, 그에 걸맞는 환경
  - 같은 이야기라도 더 재미있고, 맛깔나게 말하는 고민하는것
  - 성경말씀을 따져보고, 실생활에 적용하는 것
  - 무언가를 배우고, 전달하는 것
  - 책을 읽고, 쓰고, 요약하는 것
  - 내게 주어진 역할을 완수하는 것
  - 진정한 리더십을 고민하고 군대에 전달하는 것
- **가보고 싶은 곳**
  - 청와대 내부 교육실(2017)
  - 미국 : 웨스트포인트, 국방전문교육기관, 국방성(2017)
  - 독일 : 아우토반(2017)
  - 일본 : 동경 대형서점, 문구점(2017)

비전

<장기비전>
나는 사람들과 소통하며, 진정한 리더십이 무엇인지 늘 고민하고 끊임없이 성장할 것이다. 그래서 누구나 그렇게 할 수 있는 도구를 개발하여, 많은 사람과 조직이 자신을 뛰어넘을 수 있도록 돕겠다.

세계 최고 도구를 만들어 판매하는 기업인이 되겠다

누구나 쉽게 사용할 수 있도록 가르치는 교육가가 되겠다

세상과 자유롭게 소통하는 작가가 되겠다.

미션
- 제품을 만든다
  - 맹큐노트(일리, 리더, 키즈), 오거나이저
  - 맹큐 바인더 (6공, 3공, A5, A4)
- 책을 집필한다
  - 맹큐노트법(2017. 8. 31)
  - 노트법 사용사례 정기간행물을 (온라인)
- 교육회사를 설립한다
  - 군 전담파트
  - 방과 후 학교 파트
  - 기업 / 기관파트
  - 디자인 / 유통등 총무파트
- 정규강의를 개설한다
  - 서울(4), 대전, 부산, 광주

핵심가치
- 강점혁명
  - 개인화
  - 전략
  - 커뮤니케이션
  - 매력
  - 경영
- 소통
- 성장
- 리더십

완전히 맵을 펼칠 경우 위와 같이 모든 내용을 볼 수 있다.

: 운명을 바꾸는 노트의 힘 :

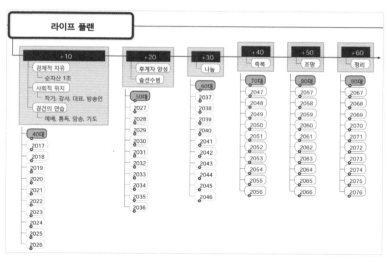

라이프 플랜의 전체 모습

| 라이프 플랜에 카테고리 추가 |

나는 라이프 플랜에 '일, 가족, 친구, 건강, 나'의 다섯 개 하위 카테고리를 만들었다. 40대의 전체적인 계획을 바탕으로 2017년에 해야 할 일들에 대해 조금 더 세세히 정리했는데 마찬가지로 간략한 키워드 중심이다. 한 가지 덧붙이자면 마인드맵 프로그램을 활용할 때에는 모니터를 두 개 쓸 것을 권장한다. 나 역시 듀얼모니터를 쓴다. 그 중 한 개의 모니터에는 마인드맵의 전체 그림을 항상 펼쳐놓는다. 인생의 항해에서 길을 잃지 않기 위해 마치 네비게이션처럼 켜 두는데 매번 큰 도움을 받는다. 한눈에 파악하는 것만큼 중요한 것은 없다는 것을 이렇게 다시금 깨닫는다.

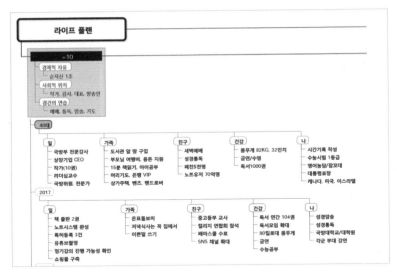

라이프 플랜에 하위 카테고리를 추가한 모습

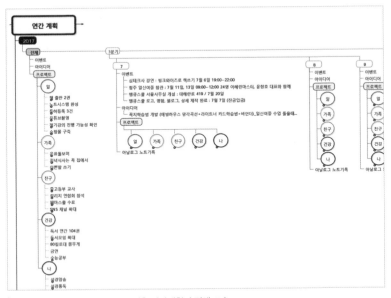

라이프 플랜에 따라 2017년도에 세운 연간계획의 전체 모습

: 운명을 바꾸는 노트의 힘 :

| 연단위에서 월단위로 시간계획을 세분화하기 |

연간계획에서는 라이프 플랜에서 수립한 계획을 세분화시킨다(왼쪽 페이지 아래 그림). 나는 1년을 다시 분기별로 쪼개고, 이를 다시 월간계획으로 잘게 나누었다. 예정에 없었던 이벤트성 일들은 반드시 별도로 표시하고, 사전에 계획된 일들은 프로젝트 항목에서 5가지 카테고리로 나누어 세부적으로 작성한다.

┃ 2017년 3분기 9월의 월간계획이다. 5가지 프로젝트별로 할 일이 적혀 있다.

이런 방식으로 씽크와이즈는 일일계획까지 분단위로 작성하여 관리할 수 있는데, 나는 개인적으로 월간계획까지만 쓴다. 주간계획은 땡큐노트로 충분히 관리할 수 있기 때문이다. 또한 100% 디지털 방식보다는 아날로그 방식을 써야 한다고 생각했다. 아날로그의 수많은 장점이야 이루 말할 수 없는 것이고, 단점은 바로 종이다. 종이도 쌓이면 짐이 되기 때문에 일목요연하게 분류해야 재활용이 가능하며, 분실 사고에도 대비할 수 있어야 한다. 아날로그를 디지털에 접목하려고 했던 가장 큰 이유는 검색 기능을 보완하기 위해서였는데, 그럼 어떤 방식으로 땡큐노트를 씽크와이즈와 접목해야 할까?

| 태그 검색 기능을 통한 결합 |

앞서 설명한 태그 검색 기능의 활용이다. 사실 과거에도 디지털방식의 플래너는 많았다. 그러나 대부분 실패한 이유는 입력방식의 불편함 때문 같다. 일일이 손으로 찍고, 시간 설정하는 것이 펜으로 쓰는 것보다 귀찮다. 반면 손으로 쓰는 노트는 편하긴 하지만 저장과 보관, 검색이 어렵다. 한마디로 사후 관리에서 디지털에 밀린다.

어떻게 할까 고민하다 씽크와이즈가 사진파일 편집이 용이하다는 점에서 탐색을 멈췄다. 스마트폰으로 찍은 사진파일을 '구글포토'와 연동하면 거의 실시간으로 사진파일을 올릴 수 있다. 다만 검색이 문제였다. 그때 떠오른 게 태그 기능이었다.

폴더가 같은 것끼리 모아두는 것이라면 태그는 속성을 부여하여 나중에 검색할 때 해당 속성과 연관된 자료를 모아서 보여주는 개념이다. 씽크와이즈도 태그를 설정할 수 있는 기능이 있어 약 100여개의 속성을 설정할 수 있었다.

예컨대 다음 그림처럼 태그를 추가, 변경, 삭제할 수 있다. 그림처럼 사람의 감정상태를 태그로 설정하고 매주 땡큐노트를 입력하면서 그에 맞는 태그를 부여한다.

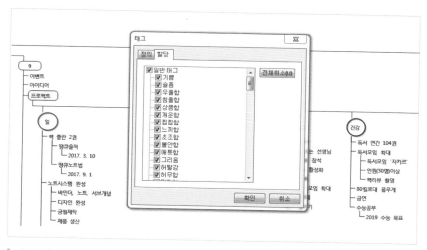

태그를 설정하는 모습

다음 작성이 완료된 땡큐노트의 위클리 프로젝트를 사진으로 찍어 씽크와이즈에 올린다(구글포토와 연동되어 있다면 자동으로 올라간다.). 올린 사진을 마인드맵의 적당한 가지에 첨부한다.

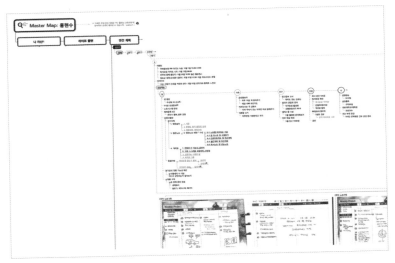

완성된 위클리 프로젝트 노트를 사진으로 찍어 가지에 첨부한 모습

첨부할 때 태그를 달면 다음과 같이 각 그림파일에 태그가 붙은 모습
을 확인할 수 있다.

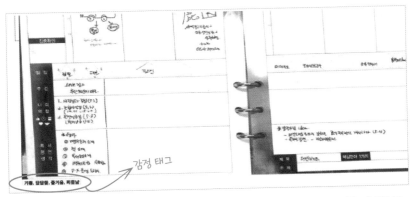

왼쪽 아래에 다섯 개의 감정상태가 부여된 태그가 표시되어 있다. 기쁨, 불안함, 기대감, 즐거움, 따분함이다.

: 운명을 바꾸는 노트의 힘 :

태그를 붙인 뒤 저장하면 나중에 검색이 가능해진다. 예를 들어 '2017년 중 불안했던 주간'이라는 키워드로 검색하면 '불안함'의 태그가 부여된 위클리 프로젝트의 사진파일이 화면에 표시된다.

컴퓨터가 내 글씨를 알아서 인식해 주면 가장 이상적이겠지만 안타깝게도 지금은 지원되는 기능이 아니다. 아쉬운 대로 태그기능을 통해 능동적인 설정 값을 부여하여 검색의 어려움을 해결하는 게 목적이다. 아무튼 일주일에 한 번씩 사진 찍고 태그 달고 저장하면 깔끔하게 정리되며, 검색이 매우 쉬워진다.

내가 컴퓨터에 맞출 필요는 없다. 나에게 편리한 대로 컴퓨터를 쓰면된다. 사진이라는 수단을 활용하여, 디지털화시킨 후 태그속성을 부여하여 추후 재검색시 용이하도록 한 것, 이것이 별도의 앱 없이 할 수 있는 최선의 방법이다. 땡큐노트가 더욱 대중화되는 그 시점에 전용앱을 개발할 것이다. 어떤 글씨체도 판독이 가능한 문자인식기술과 편집이 가능하도록 하여 더욱 재미있는 기록세상을 만들 것이다.

다시 한 번 강조한다. 씽크와이즈 프로그램 자체의 자세한 사용방법을 원한다면 씽크와이즈 PQ 플래닝 과정을 수강하기를 적극 추천한다. 마인드맵에 대한 기본적 개념과 프로그램을 활용할 소중한 팁들을 얻을 수 있다.

3

디지로그 라이프를 위한
필수 도구들

자, 이제 다 왔다. 마지막으로 소개할 것은 디지로그 라이프에 필요한 도구들이다. 도구의 적절한 활용은 우리를 삶의 굴레에서 구원해준다.

1) 바인더(아이왓쳐)

땡큐노트는 구멍이 6개 뚫린 A5(25절) 크기의 노트다. 이를 묶기 위해서는 바인더가 필요한데 그게 '6공 다이어리'다. '6공 다이어리'는 시중에서 가장 쉽게 구할 수 있으며, 오천 원 정도의 저가형부터 수십만 원에 이르는 고급형까지 다양하게 판매되고 있다. 참고로 국방부에서 간부들에게 보급하는 '육군수첩, 공군수첩, 해군수첩'은 땡큐노트를 끼워서 바로 활용할 수 있는 규격이다. 다만 육군수첩 같은 경우는 신형보다 구형이 훨씬 잘 맞는다. 나는 군에서 수첩을 보급하는 것이 매우 중요한 일이고 잘하고 있는 것이라 확신한다. '군인의 엘리트화'에는 수천억짜리 장비가 필요한 것이 아니라 수첩 한 권이면 충분히 가능하다고 생각하기 때문이다. 다만 수첩을 보급해주는 것까지는 좋은데 수첩 쓰는 방법을 가르쳐주진 않는다. 그 빈틈을 채우는 일이 나의 사명 가운데 하나라고 늘 생각했다. 다음은 시중에서 구매할 수 있는 바인더들이다. 이 가운데 적당한 것을 구해서 땡큐노트를 끼워 쓰면 된다.

다이소 A5 가죽풍 노트(5,000원)

내가 본 수첩 중에 가장 저렴한 수첩이다. 저렴한 만큼 품질은 기대하지 않는 것이 좋다. 다만 처음 사용하는 입장에서는 굳이 고가의 수첩을 사용할 필요가 없다. 우선 저렴하게 사용해보고 확신이 들면 그땐 수십만 원도 아깝지 않을 테니까. 한 가지 아쉬운 점은 이 수첩은 연말과 연초에만 쉽게 구할 수 있고, 연중에는 보유하고 있는 재고 안에서만 구입이 가능하다. 중국에서 대량으로 제작해 들여오는 물건이라 한때만 판매하는 것 같다. 조금 아쉬운 부분이다.

이노웍스(INNOWORKS, 40,000~45,000원)

중저가 다이어리를 주로 취급하는 온라인 상점이다. 5만 원 이하의 제품을 사용했는데 품질도 괜찮다. 홈페이지(www.works.co.kr)에 접속한 뒤 플래너 ➡ 6공 인조바인더 ➡ maxi 카테고리로 들어가면 5가지 제품이 있다. 이 외에도 액세서리, 패드, 지갑, 파우치 등 다양한 제품을 구비하고 있는데 가성비가 좋다.

오롬(OROM, 78,000~180,000원)

비즈니스 문구 전문 회사로 고가의 상품을 판다. 홈페이지(www.orom.co.kr)에 접속해서 다이어리 ➡ 오거나이저 ➡ 대 카테고리로 가면 사이즈가 딱 맞다. 18만 원 제품까지 있는데 품질도 좋고, 이노웍스와 마찬가지로 다양한 제품이 있다. 주머니 사정이 여유로운 사람이라면 오롬 제품이 가장 만족스러운 선택이 될 것이다.

미니소 A5 투명커버 다이어리(3,900원)

미니소몰 홈페이지(www.minisomall.co.kr)에 접속하여 검색창에 'A5'를 치면 'A5 투명커버 다이어리' 제품이 나온다. 3,900원인데 이 제품은 직접 휴대하면서 쓰기도 좋지만 보관/분류용으로 사용하기를 추천한다. 가죽제품이 무겁고 휴대하기가 불편하다고 느낀다면 이 제품이 대안이 될 수 있을 것이다. 다만 펜홀더가 없어서 불편함을 느낄 수는 있다.

이외에도 네이버 검색창에 '6공 다이어리'를 검색하면 다양한 제품을 볼 수 있다. 다만 사이즈 선택 시 A5(25절)로 선택해야 하고 6공 간격 중 가운데 간격이 70밀리, 링 간격 19밀리인지 확인해야 한다. 다행히 대한민국에서 취급하는 6공 링은 A5 크기인 경우 대부분 이런 규격을 만족하고 있으니 크게 염려할 필요는 없다.

2) 펀치(타공기)

6공 펀치는 다양하지 않아 선택의 폭이 좁다. 다만 한 가지 유의할 것은 반드시 가이드라인이 있는 제품을 구입하는 것이 중요하다는 점. 네이버 검색창에 '6공 펀치'를 검색하면 몇 개 제품이 나오는데 가이드라인이 있는 제품인지 꼭 확인하자. 2만 원대에 구입할 수 있으며, 한번에 5장 정도 타공이 가능하다. 개인용으로 쓰기엔 충분한 성능이다.

3) 펜 홀더

펜 홀더는 비교적 최근에 알게 된 제품이다. 일반적으로 다이어리엔 '펜 홀더'가 있지만, 미니소 A5 투명 다이어리나 몰스킨 노트 같은 제품엔 펜 홀더가 없다. 이럴 경우 펜 홀더를 부착하여 쓸 수 있도록 한 제품인데 테이프로 붙여 쓰는 제품도 있고 클립처럼 끼워서 사용하는 제품도 있다. 마찬가지로 네이버 검색창에 '펜 홀더'라고 검색해 보자. 아이디어가 넘치는 제품들이 보일 것이다.

4) 볼펜

나는 3색(빨강, 파랑, 검정) 멀티펜을 쓴다. 굵기는 0.38미리와 0.5밀리를 같이 쓰는데 두꺼워지면 글씨가 굵어지기 때문에 땡큐노트에 기입하기가 조금 불편하다. 볼펜은 어느 회사 제품이 좋은지 세세히 명시하진 않겠다. 다만 굵기에 유의하고, 멀티펜을 쓰길 권장한다.

5) 에버노트

굳이 설명이 필요 없는 전 세계 가장 많은 사람들이 쓰는 메모 앱이다. 나는 에버노트의 수많은 기능 중에서 스크랩 기능만 집중해서 쓰는데 무료 버전으로 사용해도 큰 불편함이 없다. 에버노트에 대한 내용은 다양한 자료가 있으니 검색해서 찾아보길 권장한다.

6) 씽크와이즈

대한민국 대표 마인드맵 프로그램. 전 세계에 있는 마인드맵 프로그램 중에서 단연 최고라고 자부한다. 씽크와이즈는 앞서 많이 설명했으니, 꼭 프로그램을 다운받아 사용하길 권장한다.

땡큐노트가 추구하는 목표는 두 가지다.

그 첫째 목표는 대한민국의 자긍심 회복이다. 우리나라가 세계 최고의 기록국가임을 알고 세계 어떤 나라도 흉내 낼 수 없는 기록법으로 그것을 증명하는 것. 정말 의아한 것은 우리가 가지고 있는 기록문화유산에 비해 기록법이 전무(全無)하다는 점이다. 어쩌면 이렇게 깨끗이 사라졌는지 불가사의다. 무엇인가를 기록한다는 것은 오직 인간만이 할 수 있는 행위이며, 기록하는 습관은 놀랍도록 많은 유익을 준다는 점을 반드시 기억해야 한다. 땡큐노트를 통해 인간관계를 회복하고, 자신의 업무에 정통하게 되며, 학습을 즐겁게 영위하는 삶을 산다면 자연스럽게 증명될 것이다. '종이와 펜'으로 이렇게 할 수 있다는 것이 놀랍지 않은가?

두 번째는 미래 세상에 대한 자신감 배양이다. 인간의 역할을 대체할 '로봇'이 상용화되고, 많은 일자리가 사라질 것은 피할 수 없는 사실이다. 이러한 위기 상황에서 사람들이 외치는 것이 '창의력의 배양'이다. 인간만이 할 수 있는 것을 찾아야 한다는 것이다. 하지만 구체적 방법은 솔직히 없다고 봐도 무방하다. 그래서 어떻게 하라는 것인지 갈피를 잡을 수 없는 상황에서 '땡큐노트'가 대안이 될 수 있다고 확신한다. 우리나라 사람들은 전 세계에서 가장 뛰어난 손기술을 가지고 있다. 한국 사람만큼 섬세하게 손을 사용하는 민족은 없다고 하는데 그 결정적 원인은 젓가락. 평소에 아무렇지도 않게 사용하는 젓가락이 우리 손을 더욱 민감하고 정교하게 만든다. 마찬가지 원리로 하루에 한 개씩 이미지를 그리는 연습을 한다면 똑같은 효과를 낼 수 있을 것이다. 분명히 우뇌에 식스팩이 생길 것이다. 모눈 노트에 더 효과적으로 노트를 사용할 방법을 고민하면서 다양하게 활용한다면 우리도 모르게 뇌가 창의적으로 될 것이다.

언제부터인지는 모르겠지만 우리는 정형화된 교육의 틀에서 같은 목표를 가지고 같은 삶을 꿈꾸는 상황 속에 살아왔다. 나 또한 초중고등학교를 거쳐 대학교를 갔다. 단 한 번도 왜 그렇게 학교를 다녀야 하는지 고민해 본 적도 없었고, SKY대학을 가야 인생 성공하는 거라고 배웠다. 남들이 부러워할 만한 회사에 취직해 억대연봉을 받아야 성공하는 것이라 배웠다. 어쩌면 그렇게 아무 저항도 없이 그것을 수용했는지 나 스스로도 정말 의아하다. 그 성공방정식에서 나는 단 한 개도 이룬 것이 없지만 부끄럽지 않다. 오히려 다행이라 생각한다. 왜냐하면 그 공식에 적용되지 않는 사람이 아빠라는 사실을, 내 자식에게 보여줄 기회가 생겼기 때문이다. 기존에 성공방정식에서 철저히 실패한 아빠가 행복하게 사는 모습을 보면서, 내 아이가 자신감을 갖길 바란다.

내 자식이 공부를 잘해 명문대를 간다 한들 그것이 성공의 보증수표가 되겠는가? 의사가 된다고, 판사가 된다고 인생이 성공한 것이겠는가? 어떤 직업을 가진다 한들 앞으로는 기존의 성공방정식은 단 1%도 적용되지 않는다고 생각한다. 로봇 때문이다. 그래서 더 이상 성과에만 집중해선 안 된다고 감히 주장했다. 이제 성과는 로봇이 낼 것 아닌가? 물론 공부를 잘해 명문대를 가는 것이 놀림감이 될 수는 없다. 다만 내 자식은 공부를 하더라도 정말 즐기면서 하길 바라고, 의사를 하더라도 투철한 사명의식을 가지고 했으면 좋겠다. 인간이기 때문에 할 수 있는 것에 집중하고, 더 크고 귀한 성과를 많이 얻으며 살았으면 좋겠다는 것이 부모로서의 바람이다.

땡큐노트는 인간의 삶을 행복하게 만드는 데 반드시 기여할 것이다. 아쉬운 것은 학습력에 대한 부분이다. 학습력이 워낙 방대한 개념이기에 땡큐노트에서는 '독서'에만 초점을 맞춰 구성했다. 그러나 많은 사람들이 학습에서 큰 스트레스를 받고 있는 것이 사실이기에 '공부'를 잘할 수 있는 노트를 개발해야겠다고 결심했다. 비록 실패한 고시생 출신이지만 그 실패의 과정에서 또 얻은 것이 많기 때문이다. 공부를 재미있게 할 수 있도록 돕는 노트. 그 노트도 탄생을 목전에 두고 있다. 땡큐노트와 연동되면서 학습에 특화된 노트는 많은 사람들이 공부에서 자유를 얻을 수 있도록 도울 것이다. 여기저기서 성공사례가 많이 나오길 기대한다. 그리고 나도 다시 공부할 것이다. 즐겁게.

마지막으로 땡큐노트가 탄생하기까지 도움을 주신 분들에게 지면을 빌려 감사의 말씀을 드린다. 신기하다고 느낄 정도로 때에 맞추어 좋은 분들을 만날 수 있었고, 그 분들이 없었다면 지금의 땡큐노트는 탄생하지 못했을 거라 생각한다. 또한 내가 세상에 태어날 수 있도록 해주신 부모님께 감사드리고, 항상 쿨하게 지원해주는 아내, 사랑하는 우리 딸 은표에게 진심으로 고맙다.

많은 사람들이 땡큐노트를 통해 행복하고 감사한 삶을 살기를 진심으로 기대한다.

2017년 10월 집필실에서
홍현수 올림

적는 대로 이루어진다
운명을 바꾸는 노트의 힘

지은이 | 홍현수
펴낸곳 | 북포스
펴낸이 | 방현철

편집자 | 권병두
디자인 | 엔드디자인

1판 1쇄 찍은날 | 2017년 12월 15일
1판 2쇄 펴낸날 | 2018년 1월 10일

출판등록 | 2004년 02월 03일 제313-00026호
주소 | 서울시 영등포구 양평동5가 18 우림라이온스밸리 B동 512호
전화 | (02)337-9888
팩스 | (02)337-6665
전자우편 | bhcbang@hanmail.net

이 도서의 국립중앙도서관 출판시도서목록(CIP)은 e-CIP 홈페이지(http://www.nl.go.kr/ecip)와
국가자료공동목록시스템(http://www.nl.go.kr/kolisnet)에서 이용하실 수 있습니다.
(CIP제어번호: 2017030962)

ISBN 979-11-5815-013-6 03190
값 14,000원